Holz-Haus   Maisons de bois   Wood Houses

Werner Blaser

Holz Haus
Rurale Bauform

Maisons de bois
Habitations rurales

Wood Houses
Form in rural architecture

Wepf & Co. AG   Basel   New York

Zweite erweiterte Auflage mit einem Kapitel über die Galeriehäuser von La Coruña

Seconde édition complétée d'un chapitre sur les maisons à galeries de La Coruña

Second enlarged edition with chapter on the gallery houses of La Coruña

Text, Fotografien und Gestaltung:
Werner Blaser
Umschlag:
Max Schmid
Französische Übersetzung:
H. R. Von der Mühll
Englische Übersetzung:
D.Q. Stephenson
Photolithos:
Steiner & Co. AG, Basel
Satz und Druck:
Werner Druck AG, Basel
Buchbinderei:
Grollimund AG, Reinach/BL
Verlag:
Wepf & Co. AG, Basel, New York

Texte, photographies et mise en pages:
Werner Blaser
Couverture:
Max Schmid
Traduction française:
H.R. Von der Mühll
Traduction anglaise:
D.Q. Stephenson
Photolithographies:
Steiner & Co. AG, Bâle
Imprimerie:
Werner Druck AG, Bâle
Relieur:
Grollimund AG, Reinach/BL
Editeurs:
Wepf & Co. AG, Bâle, New York

Text, photographs and lay-out:
Werner Blaser
Cover:
Max Schmid
French translation:
H.R. Von der Mühll
English translation:
D.Q. Stephenson
Photolithos:
Steiner & Co. AG, Basel
Composition and printing:
Werner Druck AG, Basel
Binding:
Grollimund AG, Reinach/BL
Publishers:
Wepf & Co. AG, Basel, New York

CIP-Kurztitelaufnahme der Deutschen Bibliothek
Blaser, Werner
Holz Haus: rurale Bauform = Maisons de bois / Werner Blaser. (Franz. Übers.: H.R. von der Mühll. Engl. Übers.: D.Q. Stephenson.) – 2., erw. Aufl. mit e. Kap. über d. Galeriehäuser von La Coruña.
Basel, New York: Wepf, 1985.

Library of Congress
Cataloging-in-Publication Data
Blaser, Werner, 1924–
Holz Haus: rurale Bauform = Maisons de bois: habitations rurales = wood houses: form in rural architecture.
Bibliography: p. Includes index. 1. Building, Wooden. 2. Architecture, Domestic. 3. Vernacular architecture. I. Title. II. Title: Maisons de bois. III. Title: Wood houses.
NA4110.B53 1985 721'.0448'094
85–12364

Inhalt

Sommaire

Contents

Vorwort

Wir beschränken uns in der Darstellung der Behausung auf einige Länder und Völker, bei denen die Tektonik des Bauens besonders interessant ist. Die Tektonik, das Zusammenfügen von Bauteilen zu einen Gefüge, hängt grösstenteils vom Material, aber auch von Kultur und Tradition ab. Jedes Bauwerk, das mit dem zur Verfügung stehenden Material und der diesem entsprechenden Konstruktion erstellt ist, erfüllt auch einen optischen Zweck. Fünf Stationen, neben einer prinzipiellen Einführung, zeichnen diesen Weg auf: Im oberen Wallis finden wir ein ausgeprägtes Blockbaugebiet, dessen Holzwerk aus Kanthölzern gefügt und mit dem Beil behauen wurde. – Das Appenzellerhaus ist mehrgeschossig (im Sockelgeschoss mit Webkeller), mit der typischen Giebelwand in Täferverkleidung, deren aufgesetzter Schirm Schutz gegen Zugluft und Kälte bietet. – Der verbreitetste Bautyp im Emmental und in voralpinen Gebieten ist das Hochstudhaus in Ständerbaukonstruktion, dessen durchlaufende Firstbalken die Last des Daches tragen. – Hervorragende Beispiele des Fachwerkes finden wir in den Riegelbauten im Elsass, wobei das sichtbare Rahmengerüst durch Streben und Riegel unterteilt ist. – In Finnland sind die Wohnhäuser ganzer Stadtgebiete schon im 19. Jahrhundert in vorfabrizierter Holzbautechnik (vergleichbar etwa mit der balloon frame construction) im neoklassizistischen Stil gebaut und in den letzten Jahren unter Denkmalschutz gestellt worden.

Bei meinen Studien der Bauweisen im Alpengebiet, im Elsass und in Finnland habe ich erstaunliche Beispiele dafür gefunden, was aus dem organischen Material Holz geschaffen werden kann. Die Hersteller waren zum Teil einfache Handwerker, die mit natürlichem Geschick aus der Materie, so wie sie gewachsen ist, das Bestmögliche schufen. Aus Zweckmässigkeitsgründen, um den Herstellungsprozess zu vereinfachen, werden Fügung und Gefüge zum

Avant-propos

Dans la description de l'habitation nous nous limitons à quelques pays et à quelques peuples, où il se trouve que la construction est particulièrement marquante. La construction, c'est-à-dire l'assemblage des parties qui constituent un tout, est tributaire des matériaux surtout, mais aussi des usages et de la tradition. De plus, l'œuvre architecturale qui s'édifie au moyen des matériaux disponibles et par l'emploi des systèmes appropriés, tend à produire une impression esthétique.

Cinq régions sont caractéristiques, chacune dans son genre, pour l'emploi du bois dans la construction: Dans le Haut-Valais nous rencontrons l'assemblage de bois équarris taillés à la hache, les madriers superposés. Dans la maison appenzelloise à plusieurs étages (le soubassement étant souvent occupé par l'atelier de tissage) il y a le pignon lambrissé dont la saillie offre un abri contre les courants d'air et le froid. Dans l'Emmenthal et dans les Préalpes le type le plus répandu est la maison à charpente dont les poutres horizontales supportent la charge du toit. En Alsace on voit le colombage, charpente en pan de mur dont les vides sont garnis d'une maçonnerie légère. En Finlande les habitations en bois des grands quartiers urbains furent exécutées dès le 19e siècle dans le style néo-classique selon la méthode préfabriquée comparable au système américain du châssis de bois. De nos jours, ces maisons font l'objet d'une sauvegarde particulière.

Lors de l'étude des systèmes de constructions dans les régions alpestres, en Alsace et en Finlande, j'ai été amené à constater avec quel art, partout, le bois avait été traité. Les constructeurs étaient généralement de simples artisans qui utilisaient le bois d'une façon étonnante dans ses propriétés naturelles. A part les raisons pratiques de la mise en œuvre les assemblages sont absolument rationnels. Ces ouvrages manifestent une incontestable maîtrise du détail et de l'en-

Foreword

In our description of houses we shall restrict ourselves to a few countries and people whose building is particularly interesting by reason of its architectonics. Architectonics, the fitting together of building components to form a structural whole, depends mainly on material but is also influenced by culture and tradition. Every building which is erected with local materials and the appropriate form of construction also fulfils a visual purpose. Apart from an introduction to the principles involved, we shall visit five different regions for examples: In the Upper Valais we find a typical region of log building where rectangular timbers are jointed together and shaped with the axe. – The Appenzell house consists of several storeys (the basement being a weaving cellar) and has a typical panelled gable to provide protection from draughts and cold. – The most prevalent form of building in the Emmental and in the pre-Alpine region is the post-and-beam house with a continuous ridge beam which takes the weight of the roof. – Outstanding examples of framework construction are to be seen in the half-timbered buildings of Alsace, where the expressed structure of the frame is divided by rails and diagonal members. – In Finland the houses of whole districts of towns were built even in the 19th century in Neoclassical style by a method using prefabricated timber components (comparable roughly to the balloon-frame construction), and in recent years they have been classified as historical monuments.

In my studies of modes of building in the Alpine region, in Alsace and in Finland I have found astonishing examples of what can be achieved with the organic material we call wood. The builders were in many cases simple craftsmen who, with innate flair, took this natural material just as it grew and shaped it as best they could to their ends. For reasons of expediency, and in order to simplify the constructional process, assembly and structure become dominant experiences

zwingenden Erlebnis. So entstanden Bauwerke von vollendeter Selbstverständlichkeit, bei denen als vorbildlich zu beachten sind: auf der einen Seite die Einzelteile und ihre Fügung, auf der anderen das Ganze mit seinen zweckbestimmten Proportionen. Anstelle des inneren Gefüges eines Hauses, dem sich das Äussere unterordnen muss, tritt die nach aussen wirkende ‹façade›. Beim Erfindungsreichtum der Fassade beginnt die Darstellung dieses Werkes. Das Problem der Frontalität ist nicht nur das Problem der äusserlichen Erscheinung des Bauwerkes. Front ist eine Verbindung des öffentlichen und privaten Bereiches, also der Übergang von aussen nach innen.

semble où les proportions naissent par la nécessité que leur impose leur destination. Les dispositions intérieures de la maison se traduisent à l'extérieur par l'arrangement de la façade dont la richesse témoigne de l'invention des bâtisseurs. L'effet est réalisé par l'action réciproque du dehors et du dedans, ou si l'on veut, de la zone publique et de la zone privée.

in this type of building. In this way buildings take shape which are perfect in their simple logic, exemplifying as they do on the one hand the individual parts and their assembly and on the other the structure in its entirety with its proportions dictated by the ends it serves. Instead of the interior structure of a house to which the exterior must be subordinated we have the façade determining the external appearance. It is with the wealth of invention to be found in the façade that the subject matter of this book begins. The problem of frontality is not merely that of the external appearance of the building. The front is a combination of the public and the private spheres; that is to say, the transition from outside to inside.

Holz als Materie

Für seine erste Behausung nach dem Verlassen der Höhlenwohnungen verwendete der Urmensch das Holz, das sich als Material in unbegrenzten Mengen anbot, und das mit primitiven Steinwerkzeugen leicht zu bearbeiten war. In einer weiteren Entwicklungsstufe verwendete er den Stein, zunächst wohl als roher Findling aufgemauert und dann bearbeitet als Pfeiler und Säule. Im klassischen Zeitalter der Griechen war das Dachgebälk immer aus Holz: die Kannelürung und Schwellung der Steinsäulen war dem Holz nachgeahmt. Holz blieb wohl immer ein bevorzugtes Baumaterial. Es brauchte keine Kaschierung durch einen Verputz, es war leicht verarbeitbar und leicht zu ersetzen und strahlt eine Wärme aus, nach der der Mensch sich sehnt.

Schon 1937 hatte einer der bedeutendsten Architekten des 20. Jahrhunderts, Ludwig Mies van der Rohe, die Bedeutung einfacher Holzbauten erkannt und als pädagogische Voraussetzung in seinem Essay zur Architekturerziehung wie folgt formuliert: ‹Wo tritt mit gleicher Klarheit das Gefüge eines Hauses oder Baus mehr hervor als in den Holzbauten der Alten, wo mehr die Einheit von Material, Konstruktion und Form? Hier liegt die Weisheit ganzer Geschlechter verborgen. Welcher Sinn für das Material und welche Ausdrucksgewalt spricht aus diesen Bauten! Welche Wärme strahlen sie aus, und wie schön sind sie! Sie klingen wie alte Lieder.›

Le bois, élément de la construction

L'homme primitif après avoir quitté le séjour des cavernes se servit pour construire son gîte du bois qu'il trouvait en quantité illimitée et qu'il parvenait facilement à façonner avec des silex. Au fur et à mesure de l'évolution, il maçonna tout d'abord la pierre brute; dans la suite, il construisit des piliers et des colonnes. Dans l'antiquité grecque la charpente était en bois, et les cannelures et le renflement des colonnes en pierre imitaient l'apprêt du bois. Le bois n'a d'ailleurs jamais cessé d'être utilisé; facile à travailler, aisément réparé, il ne nécessite aucun enduit et il dégage un sentiment de chaleur bienfaisant.

En 1937, un des grands architectes du 20e siècle, Ludwig Mies van der Rohe, avait reconnu la valeur des simples constructions en bois et, dans un essai, en avait vanté les qualités éducatives dans l'enseignement de l'architecture: ‹Nulle part ailleurs que dans les anciennes constructions en bois› disait-il ‹n'apparaît la clarté des assemblages d'une maison ou de tout autre bâtiment où l'unité des matériaux, de la structure et de la forme est aussi parfaite. C'est là que se révèle la sagesse des générations. Quel sens de l'appropriation des matériaux, quelle puissance de l'expression! Il en émane une agréable chaleur et une grande beauté. Ces constructions résonnent comme des chants anciens.›

Wood as material

For his first home on leaving his cave dwelling primitive man used wood, a material which was available in unlimited supply and which could be easily worked with primitive stone tools. In a subsequent stage of development he used stone, initially no doubt rough cobbles piled up into a wall and then worked as pillars and columns. In the classical age of the Greeks the roof structure was always of wood; the fluting and entasis of the stone pillars were an imitation of wood. Wood, it may be supposed, always remained a popular material for building. It needs no coating with plaster, it is easy to work and easy to replace and radiates a warmth for which humanity yearns.

As long ago as 1937 one of the most important architects of the 20th century, Ludwig Mies van der Rohe, recognized the importance of simple wooden structures and, in his essay on architectural education, posited it as one of the essential preliminaries in these terms: 'Where does the structure of a house or building appear with greater clarity than in the wooden buildings of the ancients, where do we see more plainly the unity of material, construction and form? Here the wisdom of whole generations lies hidden. What a sense of material and what expressive power speaks from these buildings. What warmth they radiate and how beautiful they are! They sound like old songs.'

Primat der Konstruktion

Ein Holz-Haus ist ein Gerät. Im Hausbau trägt die Stütze, und der Dachstuhl lastet. Immer war es eine Meisterschaft des Zimmermanns, das Holz in den verschiedenen Konstruktionsteilen zu fügen und die Fuge zum Rang eines sichtbaren Kunstwerkes zu erheben. Zum Kunstwerk wurden sie durch die ordnenden Prinzipien von Zweckmässigkeit und Eindeutigkeit. Denken, Fühlen, Handeln waren mit dem Material so verbunden, dass auch bei raffinierter Gliederung sich eine ausdrucksstarke Proportionierung ergab. Das Wesentliche beim dörflichen Siedeln und Bauen sind Materie und Konstruktion. Materie bedeutet Stoff und Gegenstand, Konstruktion Aufbau und Bauweise. Die Sichtbarmachung der materialgerechten Gestalt und das konstruktive Gefüge als Architekturprinzip bleiben wegweisend auch für uns. Der französische Baumeister und Theoretiker Viollet-Le-Duc hat schon, der Ursache des Verfalls der Baukunst nachspürend, mit seltener Klarheit die Grundlage wirklicher Baukunst erkannt und in seinen schon Mitte des 19. Jahrhunderts erschienenen ‹Entretiens sur l'architecture› dargestellt. Für ihn war Baukunst die ehrliche Erfüllung der Zwecke mit den Mitteln und konstruktiven Methoden der Zeit. Wahr zu sein in Bezug auf Zweck, bedeutet für ihn rücksichtslose und genaue Durchführung aller notwendigen zweckhaften Forderungen. Eine künstlerische Form war ihm nicht, wie seinen Zeitgenossen, eine in sich unabhängige Frage, sondern das Ergebnis einer geordneten Konstruktion: ‹Toute forme, qui n'est pas ordonnée par la structure, doit être repoussée.› In der sichtbar herausgearbeiteten Konstruktion liegt die Bedeutung eines Bauwerkes, auch für sein Inneres. Was die Fassade ausstrahlt, steckt auch dahinter. In der Fassade ist also ein Bauwerk ablesbar, das konstruktive Gefüge ist im Äusseren dominierend.

Primauté de la construction

La maison de bois est comme une sorte d'engin: les piliers forment la structure sur laquelle repose la toiture. Le charpentier a toujours possédé la maîtrise qui consistait à assembler les pièces et à donner aux joints l'apparence d'un décor. Les principes de la destination et de l'unité sont à la base de l'œuvre d'art. La conception, le sentiment et le geste sont si bien liés aux matériaux qu'il en résulte une expression nuancée régie par les proportions subtiles. La parfaite cohésion entre les matériaux et le système constructif se remarque fort bien dans les habitations villageoises. Les matériaux dans leur diversité déterminent les structures et les formes. L'utilisation conforme à la nature des matériaux est la condition-même de l'architecture qui obéit à des règles durables.
Viollet-le-Duc, préoccupé de la déchéance de l'architecture, a clairement signalé dans ses ‹Entretiens sur l'architecture›, parus au milieu du 19e siècle, les principes de l'architecture véritable basée sur la réalisation honnête des buts au moyen des méthodes de l'époque. Selon lui la destination des bâtiments doit s'exprimer nettement et sans compromis au gré des fonctions. La forme est le résultat de la construction rationnelle et non pas, comme le pensaient le gens de son temps, une chose en soi. ‹Toute forme qui n'est pas ordonnée par la structure doit être repoussée.› La structure visible est le signe de la qualité intinsèque d'un bâtiment; la façade exprime la distribution intérieure, elle en reflète l'ordonnance.

Primacy of construction

A wood house is an implement. In house building, the column bears loads and the roof structure imposes them. It was always a masterly feat of the carpenter to fit the wood into the various parts of the construction and to raise the joint to the status of a work of visual art. It became a work of art through the ordering principles of its fitness and its clarity. Thought, feeling and action were so conjoint with the material that, even with a sophisticated pattern of division, the proportioning remained powerfully expressive. The essential factors determining the architecture of the village are material and construction. Material implies what is available for building with, the objectively given; construction refers to structure and the mode of building. To visualize the form as corresponding to the nature of the material used and to render visible structural organization as a principle of architecture – these constitute a philosophy which can still point the way for us to follow. In his search for the reasons behind the decay of architecture, Viollet-le-Duc, the French architect and theoretician, recognized the basis of true architecture with rare clarity and formulated it as long ago as the mid-19th century in his 'Entretiens sur l'architecture'. For him architecture was the honest fulfilment of aims with the resources and constructive methods of the age. To be true to purpose meant for him to identify the requisite demands and to meet them with unswerving precision. He did not, like his contemporaries, see an artistic form as a question in isolation but as the result of an ordered construction: 'Toute forme, qui n'est pas ordonnée par la structure, doit être repoussée.' It is in the visibly exposed structure that the importance of a building resides, not only with regard to its exterior but also to its interior. What is radiated by the façade is also behind it. In other words, a work of architecture can be read from the façade; the structural organization dominates the external appearance.

Objektive Architektur – Beispiel Holz-Haus

Seit 1975, dem europäischen Jahr für Denkmalpflege und Heimatschutz, ist das Interesse namentlich für den heimischen Holzbau stark gewachsen. In vielen Sanierungsprojekten sind ländliche Gegenden neu erschlossen und ihre Werte nach baukünstlerischen, geschichtlichen, typologischen, städtebaulichen Gesichtspunkten festgestellt worden. Zur Sanierung gehören: Konservieren aller wertvollen Bauobjekte, Renovieren der inneren Nutzung und Funktion ohne Veränderung der Bausubstanz. Moderation ist Anpassung von Massstab, Material und Konstruktion an den bestehenden Bau. Unter diesen Voraussetzungen scheint neues Leben in diese verlassenen Siedlungen zu kommen.

Auch etwas von dem vorbildlichen Leben in diesen Siedlungen sollte wieder lebendig werden, etwas von dem wunderbaren Gleichgewicht, das den archaischen Formen gemeinsamen Siedelns innewohnt. Der italienische Ingenieur Pier Luigi Nervi hat in einer Einführung zur Weltgeschichte der Architektur gesagt, dass die klassischen Bauwerke nicht Ergebnis von Geschmack und Phantasie sind, sondern sich aus den verfügbaren Techniken und Materialien ergeben: ‹Die Baukunst der Vergangenheit hat sich ausschliesslich an statischen Erkenntnissen orientiert, die wiederum das Ergebnis von Überlegung, Erfahrung und vor allem der Einsicht in die Eigenart und Beständigkeit von Strukturen und Material gegenüber äusseren Einflüssen waren.› Das heutige Bauprinzip ‹Skin and Skeleton› (Haut und Gerippe) ist auch in der Volksarchitektur der Vergangenheit vorhanden. Dabei müssen wir erkennen, dass wir nicht der Historie wegen, sondern aus ständigem Engagement in der Gegenwart unsere Ergebnisse für die Zukunft auszuwerten haben.

Architecture rationnelle; l'exemple de la maison de bois

Depuis 1975, année européenne du Patrimoine architectural, l'intérêt pour l'architecture vernaculaire de bois a considérablement augmenté. Dans bien des projets d'aménagement les régions rurales ont fait l'objet des préoccupations les plus vives tant du point de vue de l'urbanisation qu'en raison des considérations esthétiques. Il s'agit de sauvegarder l'aspect architectural en modernisant les dispositions générales tout en observant l'échelle, les matériaux et les systèmes constructifs. Ainsi une vie nouvelle reviendra dans ces habitations un peu délaissées.

L'ancien équilibre qui réglait la vie dans ces habitations devrait renaître avec tout ce qu'il y a d'authentique. L'ingénieur italien Pier Luigi Nervi a déclaré dans l'introduction à l'histoire de l'architecture mondiale que les édifices classiques sont le résultat non pas du goût et de l'imagination seulement, mais aussi de la technique et des matériaux: ‹L'architecture du passé est basée exclusivement sur des données statiques qui, par ailleurs, ont résulté de la raison, de l'expérience et des considérations sur les propriétés et sur la résistance des structures et des matériaux.› Le système moderne de l'ossature et du remplissage existait déjà dans l'architecture populaire du passé. Il convient du reste, non pas de se borner à s'attacher à l'histoire, mais aux données permanentes valables à notre époque et à l'avenir.

Objective architecture – exemplified by the wood house

Since 1975, the European Architectural Heritage Year, there has been a great increase in interest in regional timber architecture. In the course of numerous renewal plans a number of rural areas have been opened up for development and their value rated in terms of their architecture, history, typology and urban planning. Renewal programmes include: preservation of all buildings of value, renovation of their internal use and function without changes in their essential fabric. This involves the adaptation of scale, material and construction to the existing building. Once these conditions are fulfilled, new life seems to flow into these neglected settlements.

Something of the commendable mode of life lived in these settlements should be restored, something of the wonderful balance inherent in the ancient forms of community living. In an introduction to the World History of Architecture the Italian engineer Pier Luigi Nervi said that classical works of architecture are not the upshot of taste and imagination but arise from the techniques and materials available: 'The architecture of the past was based exclusively on a knowledge of statics and this in turn was the result of reflection, experience and above all insight into the peculiar nature of structures and material and their resistance to external influences.' The present-day principle of 'skin and skeleton' is also to be found in the traditional architecture of the past. At the same time we have to realize that we must assess our results in terms of their value for the future not from the historical standpoint but on the basis of our constant commitment to the present.

Entwicklung und Tendenzen zwischen gestern und heute

Das traditionelle Holzhaus im inner- und ausseralpinen Gebiet ist in seiner konsequent durchdachten Konstruktion in Bild und Text auf drei Grundtypen herausgearbeitet: Beim elementaren Block- oder Strickbau liegen die Holzelemente horizontal und werden von unten her aufgebaut. An den Enden sind die Balken eingekerbt und überkreuzen sich (Verstrickung). Das Dach wird von den Wänden getragen. Der Pfosten- oder Ständerbau ist gekennzeichnet durch ein Konstruktionsgerüst, das im oberen Teil das Dach trägt und im unteren die fixierenden Elemente der Wände bildet. Der Riegel- oder Fachwerkbau hat eine Konstruktion wie der Ständerbau, aber leichter. Bezeichnend sind vor allem die Füllungen (Fächer oder Gefache) zwischen den Holzteilen der Wand.
Die Charakteristik des nordischen finnischen Holzhauses des vorigen Jahrhunderts, in pastellfarbiger Verkleidung, meist einstöckig, mit Traufwand gegen die Strassenseite, besteht in einer eigenartigen Formensprache, deren elementare Rahmenfachwerk-Konstruktionen sich durch die vergangenen Jahrzehnte hindurch bewahrt haben. Der Neo-Klassizismus richtete sich mehr auf die Materialwirkung Holz, während die künstlerische Wirkung des Jugendstils durch dekorative Elemente erzielt wird. Das finnische Holzhaus des 19. Jahrhunderts war ein Zwischending, das sich auch von der heimischen volkstümlichen Baukunst inspirieren liess.
Die volkstümliche Baukunst fordert uns zur Neubesinnung über die geistigen Fundamente und Kriterien unseres Bauens auf: das Ausgehen vom Innenräumlichen, der offene Grundriss, die klare Unterscheidung von Tragwerk und Verkleidung, die Präzision in der Planung der Konstruktion, die immer die handwerklich vollkommene Zuordnung der Materialien ermöglicht. Text und Bild dieser Arbeit sollen diese Problemstellung in eigener Interpretation darlegen, ohne jedoch

Evolution et tendances, hier et aujourd'hui

La maison de bois traditionnelle des régions des Alpes et des Préalpes obéit dans sa structure logique à trois types distincts, décrits et illustrés dans la suite. Dans l'architecture à madriers les poutres sont entassées horizontalement; les extrémités se croisent et sont entaillées. La toiture est soutenue par les parois. Une deuxième construction est constituée par une charpente de poteaux qui portent le toit, tandis que, le troisième type, le colombage, est un système de charpente en pan de mur dont les vides sont garnis de panneaux.
La maison finlandaise du siècle passé à un étage avec le pignon sur la rue s'est perpétuée jusque dans le dernières décennies; elle est construite sur des cadres avec un revêtement de bois aux tons de pastel. L'époque classique faisait valoir les qualités du bois, tandis que, au début du siècle, se manifeste une tendance décorative; au 19e siècle, cependant, c'est l'architecture populaire qui prédominait.
A ce sujet, il convient de se pencher attentivement sur les critères fondamentaux de l'architecture: distribution intérieure, plan libre, distinction entre les éléments porteurs et le revêtement, adaptation précise des matériaux à la construction. Dans cette étude on cherchera éclairer par le texte et par l'image quelques notions qui, sans pédanterie, pourront guider les recherches actuelles.
L'architecture informe, inarticulée n'existera plus lorsque tous les éléments seront agencés avec netteté. On aurait pu citer les excellents exemples que représentaient les synagogues de bois de Pologne, du 17e au 19e siècle, mais elles ont été détruites au nombre de soixante-quinze au cours des deux guerres mondiales.
M. Olivier Mourgue de Paris a présenté à Cologne en 1971 une exposition d'intérieurs très libres selon un système quadrillé qui rappelaient, dans leur conception originale, les plans de la maison ja-

Developments and trends between yesterday and today

The logically thought out construction of the traditional wood house within the Alpine region and outside is clearly presented in the pictures and text in terms of three basic types: In the primitive log construction the logs are laid horizontally and built up from the bottom. At their ends the logs are notched and crossed to form a joint. The roof is borne by the walls. The post-and-beam building is characterized by a structural framework which bears the roof in the upper part and below provides members to which the walls are fixed. The half-timbered construction is similar to the post-and-beam form but is lighter. Its characteristic feature is the infillings (panels) in the spaces between the wooden members of the wall.
The Nordic timber house of Finland of the 19th century, usually of one storey with eaves on the street side and pastel-toned siding, is characterized by a peculiar formal idiom due to its primitive frame construction which has survived many decades. Neoclassicism is directed rather to the appearance of wood as a material whereas the artistic effects of Art Nouveau are obtained by decorative elements. The Finnish timber house of the 19th century was a hybrid form which also drew part of its inspiration from the architecture of the country.
We are challenged to reassess the intellectual basis and criteria of our own building by this traditional architecture: the way it proceeds outwards from the interior, its open plan, the clear distinction between load-bearing elements and cladding, the precision used in the planning of its structure, which always enables the material to be coordinated with craftsman-like perfection. In the text and illustrations of this book an attempt will be made to present our own interpretation of this problem, not with any didactic intent but rather in order to stimulate the reader to think the matter over for himself.

belehren, sondern vielmehr zu eigenen Überlegungen anregen zu wollen.

Wenn das Problem von Fuge und Gefüge bei uns klar gelöst ist, gibt es kein ‹Bauen ohne Gestalt› mehr. Es würde sich auch lohnen, zur eigenen Schulung das Beispiel der Holzsynagogen aus Polen vom 17. bis 19. Jahrhundert heranzuziehen. Leider sind diese hervorragenden Vorbilder (75 Synagogen) in den beiden Weltkriegen verlorengegangen.

Der Gestalter Olivier Mourgue aus Paris zeigte 1971 in Köln ein Raumkollektiv im Rastersystem mit grösster Variabilität. Diese Ausstellung war in der Grundkonzeption eine Annäherung an die seit mehr als 500 Jahren erprobte und bis heute erhalten gebliebene flexible Grundrissgestaltung des japanischen Wohnhauses aus Holz. Aber auch eine altüberlieferte, formgleiche Steckverbindung in Holz aus Japan kann Gestaltern und Architekten eine sinnvolle Aufgabe stellen, bei der scharfes Denken und Vorstellungsvermögen und nicht nur manuelle Fertigkeit zu eigenen Lösungen führen.

Am Schluss der kurzen Einführung sollen Architekturbeispiele unserer Zeit aus dem organisch gewachsenen Holz gezeigt werden. Diese Objekte zeigen keine modischen Einflüsse, sondern sind geschaffen lediglich aus den Bedürfnissen des Menschen heraus – mit dem technischen Verständnis und Einfühlungsvermögen ihrer Bearbeiter im Umgang mit Holz.

ponaise en bois dont la tradition conservée jusqu'à nos jours remonte à plus de cinq cent ans. Du reste, les assemblages si précis et si inventifs des Japonais au gré d'une longue tradition intellectuelle et manuelle peuvent parfaitement inspirer de nos jours les architectes et les décorateurs.

Nous donnerons ici quelques exemples de l'architecture de bois dont l'actualité est entière. Ces maisons sont sujettes non pas aux fluctuations de la mode, mais elles ont toujours répondu aux besoins des habitants et elles témoignent du sentiment et de l'adresse des artisans.

Once we have found a clear solution to the problem of joint and structure, there will be no more 'building without structural organization'. It would also repay the effort as a training for our minds to look at the timber synagogues of Poland from the 17th–19th centuries. Unfortunately these outstanding examples (75 synagogues) were lost in the two world wars. The Parisian designer Olivier Mourgue showed at an exhibition in Cologne in 1971 a spatial group on a grid system which allowed a maximum degree of variability. In its basic conception this exhibition had affinities with the flexible ground plan of the Japanese timber house which has proved its worth for more than 500 years and has been retained down to the present day. Designers and architects might also learn a salutary lesson from the study of a traditional system of splicing wood used in Japan which sets problems that call not only for manual skill but also for rigorous thinking and imagination in their solution. At the end of the short introduction, examples of architecture of our own time created from the organic material wood will be shown. These works display no modish influences but are produced solely to satisfy human needs and are derived from the technical insight and the sensitivity their creators apply in working with wood.

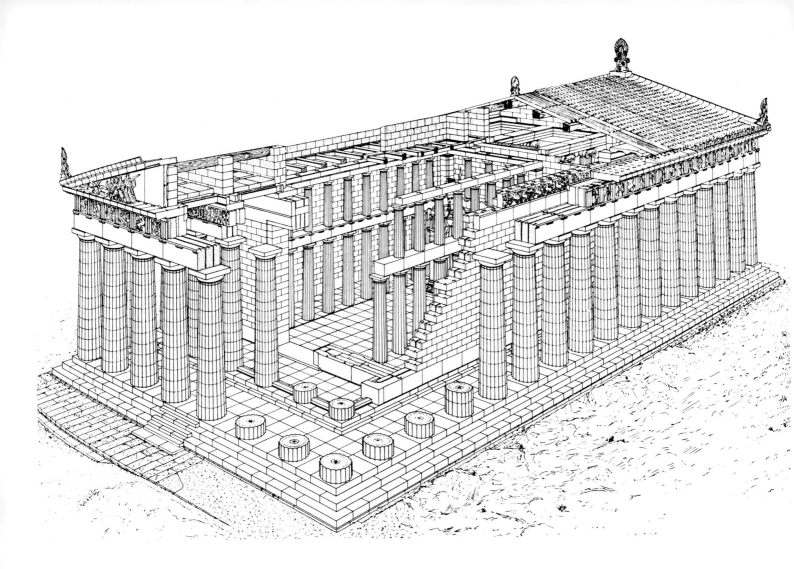

14
Die Architektur des Parthenon schliesst
auf Erinnerungen an archaische
Holzvorgänger (Zeichnung von
K. Orlandos).

L'architecture du Parthénon remonte a
des structures archaïques en bois
(Dessin de K. Orlandos).

The architecture of the Parthenon
recalls archaic predecessors built of
timber (drawing by K. Orlandos).

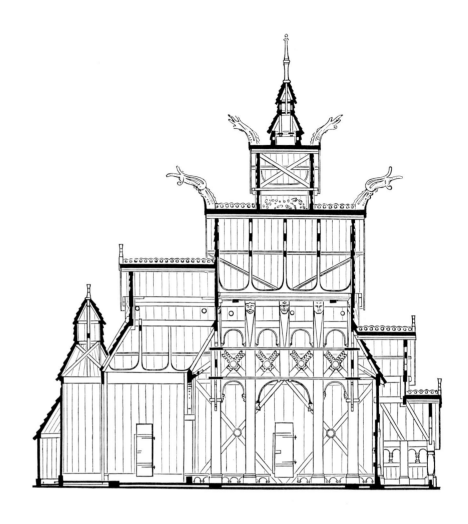

15
Stabkirche von Gol im Hallingdal
(Norwegen), 1250 n. Chr. Einfacher,
klarer Aufbau mit hölzernen Säulen oder
‹Stäben›.

Eglise de Gol dans la vallée de Halling
(Norvège), 1250 apr. J.-C. Construction
simple, piliers et poteaux.

Stave church at Gol in the Hallingdal
(Norway), 1250 AD. Clear and simple
structure with wooden columns or
'staves'.

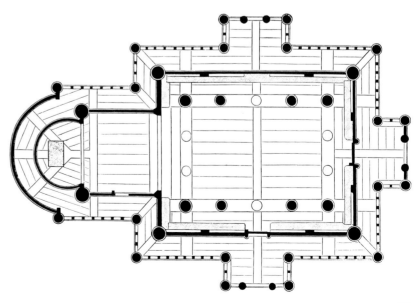

16–17
Kloster Marienberg (heute Seminar) bei
Rorschach (Bodensee), 15. Jh.
Spätgotisches Satteldach mit Windver-
strebungen in einfacher Binderkonstruk-
tion.

Couvent de Marienberg (actuellement
séminaire) près de Rorschach (Lac de
Constance), 15e siècle. Ferme à
entretoises de contreventement.
(Epoque gothique tardive).

Marienberg Abbey (today a training
college) near Rorschach (Lake of
Constance), 15th century. Late Gothic
saddleback roof with wind bracing in
the form of simple trusses.

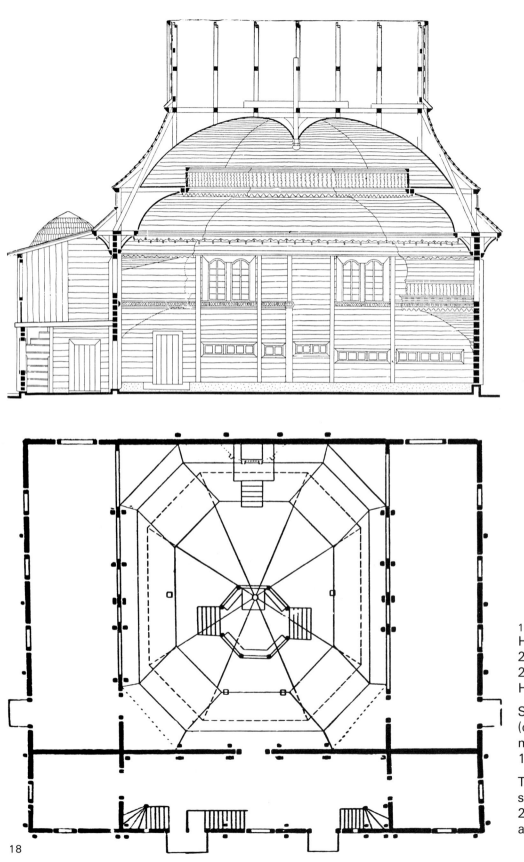

18–19
Holzsynagogen aus Polen (während des
2. Weltkrieges zerstört), Grodno,
2. Hälfte 18. Jh. Logische Tektonik mit
Holz.

Synagogues de bois en Pologne
(détruites lors de la seconde guerre
mondiale). Grodno, 2e moitié du
18e siècle. Construction rationnelle.

Timber synagogues in Poland (destroyed during World War II), Grodno,
2nd half of 18th century. Logical
architectonics with wood.

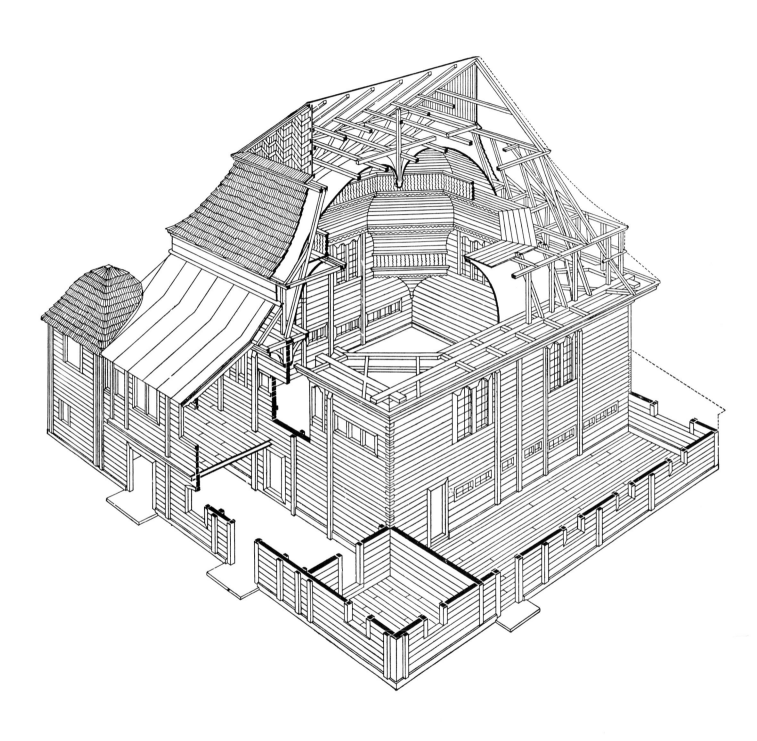

20–21
Pavillon im Reitviereck des Wenken-
hofes Riehen (Basel) von Architekt
Armand Rateau nach französischen
Vorbildern von Versailles und Sceaux.
Kabinettstück eines Lattenwerkbaus.

Pavillon du centre équestre du
Wenkenhof à Riehen (Bâle), de
l'architecte Armand Rateau d'après des
exemples de Versailles et de Sceaux.
Modèle d'une construction en lames.

Pavilion in the riding square of the
Wenkenhof Riehen (Basle) designed by
architect Armand Rateau on French
models at Versailles and Sceaux.
Showpiece of latticework architecture.

22–23
Schlossgarten Schönbrunn bei Wien, 18. Jh. Pavillonartiges, filigranes und raumbildendes Gitterwerk mit Lauben und Toren als Abgrenzung im Gartenbereich.

Parc du Château de Schönbrunn près de Vienne, XVIIIe siècle. Ouvrage en filigrane de bois en forme de pavillon comportant charmilles et portillons et utilisé pour rythmer et délimiter l'espace dans les jardins.

Schönbrunn Palace garden near Vienna, 18th cent. Arbours and gates of filigree wrought-ironwork define limits in the garden and lend variety to its pattern.

24
Haus Wegman (Holzhaus) in Arlesheim,
1924. Impulse von organisch-leben-
digen Formen Rudolf Steiners.

Maison de bois Wegman à Arlesheim,
1924. Imitation des formes ‹organi-
ques› selon les idées de l'anthropo-
sophie de Rudolf Steiner.

Wegman House (wood house) at
Arlesheim, 1924. Influence of Rudolf
Steiner's organic forms.

25
Entwurf von J.L. Mathieu Lauwerik
(1864–1932), Amsterdam. Bauwerk
auf systematischen Grundlagen.

Projet de J.L. Mathieu Lauwerik
(1864–1932), Amsterdam. Construction systématique.

Design by J.L. Mathieu Lauwerik
(1864–1932) Amsterdam. Building on
a systematized base.

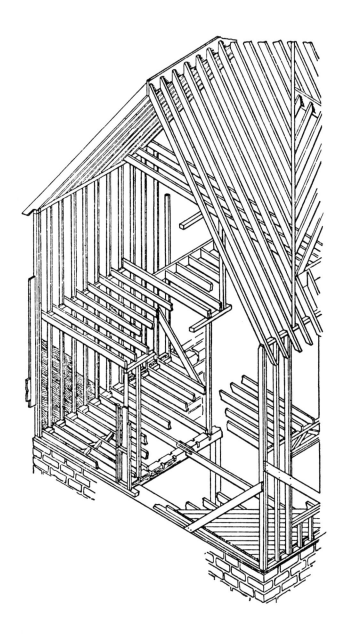

26
Traditionelle Ballonrahmen-Konstruktion in Amerika. Industrialisierung seit1865. Die Stützen sind mit dünnen Nägeln zusammengehalten.

Construction sur cadres en Amérique. Fabrication en série dès 1865. Les supports sont cloués.

Traditonal balloon-frame construction in America. Mass-produced since 1865. The uprights are secured with thin nails.

27
Entwicklung eines Holzhauses in balloon frame. Kurs, Struktur und Material am Illinois Institute of Technology unter Mies van der Rohe in Chicago (Anfang 1940).

Evolution de la construction sur cadres. Cours de Mies van der Rohe à l'Ecole polytechnique de Chicago (I.I.T.), début 1940.

Design of a wood house on a balloon frame. Course in structure and material at the Illinois Institute of Technology under Mies van der Rohe in Chicago (early 1940).

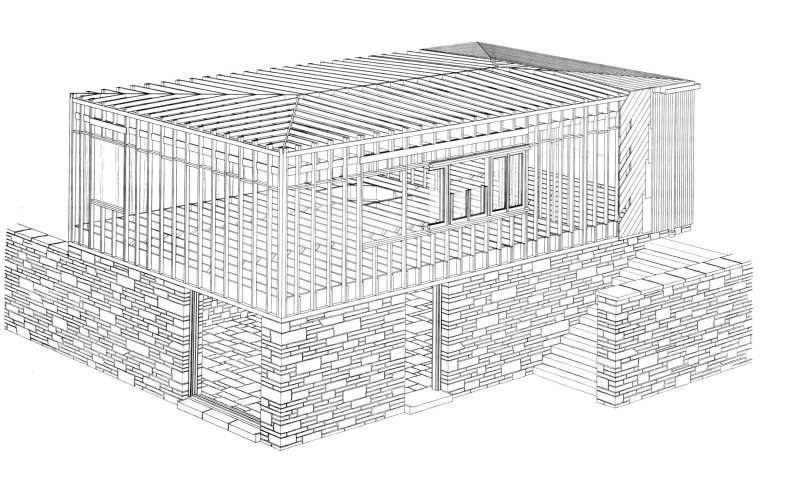

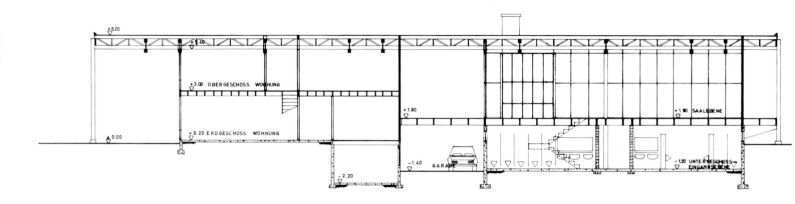

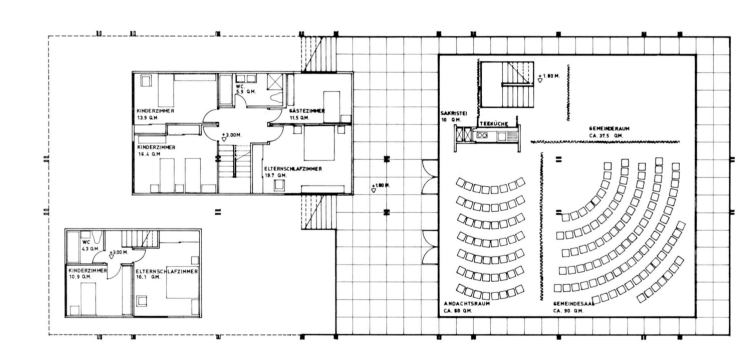

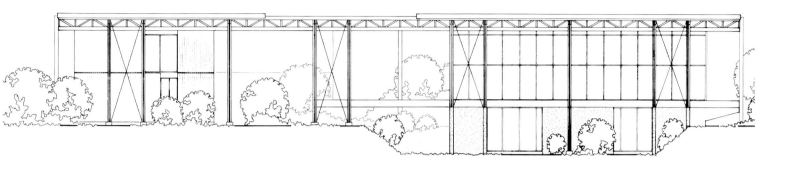

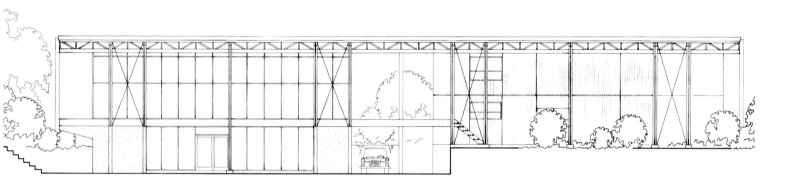

28–29
Gemeindehaus in Holzkonstruktion in
Heitersheim, Bd. Wttbg. Projekt 1972
von Werner Blaser (Mitarbeiter Ernest
Persche). Konstruktive Ratio im
Holzbau. Planzeichnungen, Mass-
stab 1:200.

Maison communale en bois à Heitersheim (Bade-Wurtemberg). Projet de
Werner Blaser, 1972, en collaboration
avec Ernest Persche. Construction
rationnelle en bois (1:200).

Community centre constructed of wood
at Heitersheim, Bd. Wttbg.
Project 1972 by Werner Blaser
(assistant Ernest Persche). Structural
logic in wood construction. Plans,
scale 1:200.

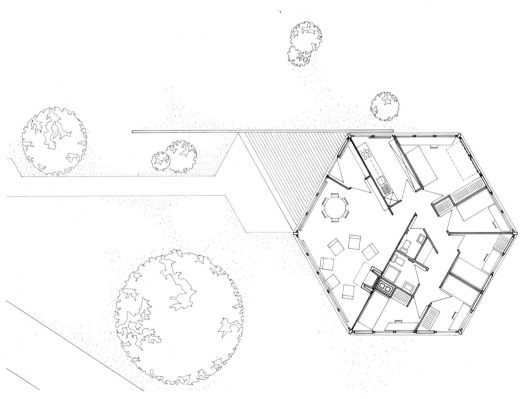

30–31
Wohnhaus in Holzskelett mit sechseck-
förmigem Grundriss bei Corgémont
(Jura Schweiz). Werner Blaser
(Mitarbeiter Hugo Imholz & Ernest
Persche) Planzeichnungen, Mass-
stab 1:200.

Maison à ossature de bois sur plan
hexagonal près de Corgémont (canton
du Jura). Werner Blaser en collaboration
avec Hugo Imholz et Ernest Persche
(1:200).

Dwellinghouse on a hexagonal plan
with a timber skeleton near Corgémont
(Jura Switzerland). Werner Blaser
(assistants Hugo Imholz & Ernest
Persche). Plans, scale 1:200.

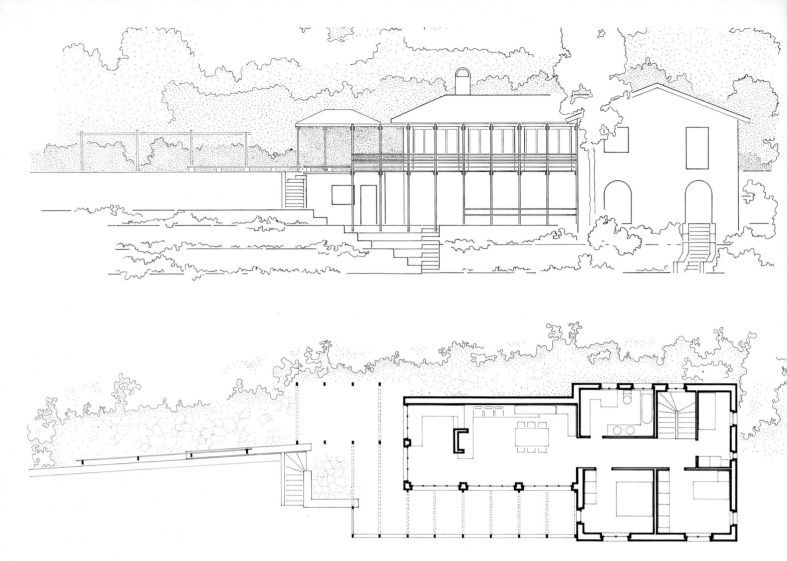

32–33
Wohnhaus Nascosta in Ascona
(Schweiz) von Werner Blaser, 1977
(Mitarbeiter Martin Erny). Holzveranda
und Loggia beleben die vorhandene
Steinarchitektur. Planzeichnung,
Massstab 1:200.

Maison Nascosta à Ascona (Tessin).
Werner Blaser, 1977 (en collaboration
avec Martin Erny). Véranda et loggia en
bois devant une construction en pierre
(1:200).

Nascosta House at Ascona (Switzerland) by Werner Blaser, 1977 (Assistant Martin Erny). A wood veranda and
loggia enliven the existing stone
architecture. Plan, scale 1:200.

Blockbauten im Wallis

Wenn man über Architektur spricht, so meint man immer das Äussere eines Bauwerks, seine Fassade. Am äusseren Gepräge wird das Haus gewertet. Auch seine Stilgeschichte wird nach dem Aussehen de Frontwand beurteilt. In der Entwicklung der Architektur war durch die Jahrtausende die Festlegung der Öffnungen entscheidend. Die Proportionierung von Wand und Fenster war das massgebende Detail für die Beurteilung des Baues als Kunstwerk. Im urtümlichen Holzblockbau, der im Alpengebiet noch vielfach anzutreffen ist, gab es eigentlich wenig Öffnungen. Meist haben sie nur untergeordnete Bedeutung, dem Zweck der Bauten entsprechend, die vielfach nicht als Dauerwohnung, sondern vielmehr als Speicher und Stall benützt werden. Ihr Äusseres zeigt, bedingt durch die horizontale Gliederung der Blöcke, konstruktive Klarheit. Die Addition der massiven Bauelemente übereinander rhythmisiert den Baukörper und gibt ihm das Mass. In diese konstruktive Gliederung können Öffnungen nach Bedarf eingefügt werden, ohne zu stören. Das Gesamtbild der massiven Holzwand bleibt erhalten. Dabei ist auch seine dunkelbraune, sonnendurchwirkte Holzfarbe mit den Glasöffnungen, die uns von aussen immer dunkel erscheinen, von grösster Einheit geprägt. Fassade und Fenster bilden ein Ganzes. Der Stadel ist für das

Maisons à madriers du Valais

Trop souvent, en parlant d'architecture ou de styles, on pense à l'aspect, à la façade, aux effets qui déterminent l'apparence. Or, la qualité des proportions définies par les pleins et les vides est essentielle dans l'appréciation de la valeur achitecturale. Dans les anciennes constructions à madriers que l'on trouve répandues dans les Alpes il n'y a que peu d'ouvertures; celles-ci ont une importance relativement secondaire, car ces maisons étaient destinées non pas à l'habitation permanente, mais elles étaient utilisées plus souvent comme granges ou comme étables. La construction faite de madriers superposés est nette, mesurée et rythmée. Les baies y sont insérées au gré des besoins sans altérer l'aspect général. Le bois brun-foncé et velouté, brûlé par le soleil, et les vitres qui du dehors apparaissent sombres forment un ensemble cohérent, d'une parfaite unité. La grange destinée à conserver le blé est le type de bâtiment le plus répandu. Sur un soubassement de maçonnerie s'élèvent des piliers de bois surmontées de dalles rondes de gneiss qui empêchent l'invasion des souris. Les madriers sont en bois de mélèze équarri et taillé à la hache. La couverture est faite en général de bardeaux.

Log constructions in the Valais

When we speak of architecture, it is always the exterior of a building, its façade, that is meant. The house is evaluated in terms of its outside appearance. Its position in the history of style is also judged by the appearance of the façade wall. In the development of architecture over thousands of years it was always the determination of the openings that was decisive. The proportioning of wall and window was the feature that counted when assessing a building as a work of art. In the primitive log construction, which is still frequently to be found in the Alpine region, there are actually few openings. They are usually of subordinate importance, reflecting the purpose of the structures, which are not used as permanent dwellings but rather as barns and cowsheds. The horizontal arrangement of the logs gives structural clarity to their outside. The addition of solid logs one on top of the other lends rhythm to wooden wall remains unaffected. At the same time the sun-drenched dark brown colour of the wood with glazed apertures, which always look dark from outside, is endued with the greatest possible unity. Façade and window form a whole. The barn used for storing grain is sometimes the building and gives it proportion. Openings can be fitted into such a structure as required without disturbing its appearance. The overall picture of the solid

Getreide bestimmt und stellenweise der wichtigste siedlungsbildende Gebäudetyp. Auf dem Unterbau stehen hölzerne Säulen (Stadelbein), auf denen mühlesteinartige Gneisplatten liegen. Sie sollen die Mäuse abhalten. Der Blockbau ist aus waagrechten Kanthölzern, meist in Lärchenholz, gefügt und mit dem Beil gehauen. Das Dach besteht vielfach aus Brettschindeln. Das Holz bekommt durch die starke Sonneneinwirkung dunkelbraune bis sammetschwarze Färbung.

the type of building which is most prominent in a settlement. Wooden supports stand on the substructure with slabs of gneiss on top of them to keep out mice. The log construction is made of horizontal rectangular timbers, usually larch-wood, shaped and fitted together with the axe. The roof often consists of clapboards. Under the action of the sun the wood acquires a dark brown to velvety black colour.

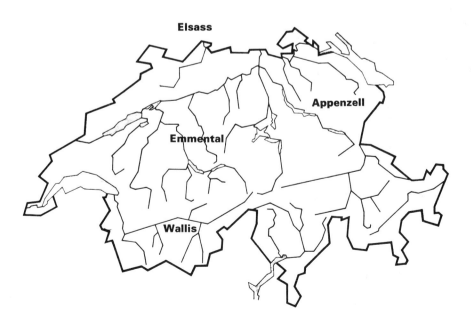

Lötschental

Das Lötschental beginnt am südlichen Ausgang des Lötschbergtunnels (Kandersteg–Brig). Je nach Höhenlage ist sein Klima meridional oder hochalpin. Die Bauernhäuser sind meist in Gruppierungen als hanglagige Streuhöfe mit kleineren Einzweckbauten aufgeteilt: Wohnhaus, Heustall, Stallscheune, Speicher oder Stadel. Die Erschliessung der Gebäude erfolgt vielfach von traufseitigen Lauben oder Aussentreppen her.

Lœtschenthal (Valais)

Cette vallée commence à la sortie méridionale du tunnel du Lœtschberg (Kandersteg–Brigue). Selon l'altitude, le climat est méridional ou alpestre. Les fermes avec leurs petites annexes sont groupées sur les pentes: elles se composent de l'habitation, du fenil, de la grange avec l'étable et le grenier. Des escaliers extérieurs et des galeries donnent l'accès aux maisons.

Lötschental

The Lötschental begins at the southern exit of the Lötschberg tunnel (Kandersteg-Brigue). Depending on altitude its climate is southern or high Alpine. The buildings are usually grouped along the slopes as part of scattered farmsteads with smaller utility buildings: farmhouse, hayloft, barn or granary. Access to the buildings is very often from galleries under the eaves or by external stairs.

36–57
Blockbauten im Kanton Wallis, Einzweck- und Vielzwecklauben, durch Sonne braungebrannt, Speicher mit Mäuseplatten.

Constructions à madriers dans le canton du Valais; galeries pour les maisons familiales et autres destinations, brûlées par le soleil, granges avec dalles rondes.

Log constructions in the canton of Valais, barns, storehouses etc. burned brown by the sun, barns built on slabs to keep out mice.

37
Stadeltypen aus dem Lötschental.

Fenils du Lœtschental.

Barns in the Lötschental.

Vispertal

Die Gegend auf dem Hochplateau von Grächen, dem Vorläufer des Zermattertals, wird durch sonnige Terrassen charakterisiert. In Grächenbiel gibt es noch guterhaltene Heuschober, Stadel genannt. Der Stadel dient als Vorratsraum für Kartoffeln, Käse, Getreide und Heu. Er ruht zum Schutze vor Bodenfeuchtigkeit auf sechs Holzpfosten. Dort wo die Balken aufliegen, befinden sich runde Gneisplatten, die vor Mäusen und anderen Nagern schützen.

Vallée de Viège

La région située sur le haut plateau de Græchen, où s'ouvre la vallée de Zermatt, est caractérisée par une succession de terrasses ensoleillées. A Græchenbiel il y a des fenils bien conservés: ceux-ci contiennent aussi des provisions de pommes de terre, de fromage, de céréales; ils sont bâtis sur six poteaux de bois qui les met à l'abri de l'humidité. Sur les plaques rondes en gneiss, protection efficace contre les rongeurs, reposent les madriers.

Vispertal

Sunny terraces are the outstanding feature of the region on the elevated plateau of Grächen, the forerunner of the Zermatt valley. In Grächenbiel there are still well-preserved barns. These barns, known locally as 'stadel', are used for storing potatoes, cheese, grain and hay. The structure is supported on six timber posts to protect it from the damp rising from the ground. Round slabs of gneiss are interposed between the superstructure and the supporting posts to afford protection from mice and other rodents.

39–51
Holzstadel aus dem Vispertal, Törbel und Grächenbiel.

Dépôts de bois dans la vallée de Viège, à Tœrbel et à Graechenbiel.

Wood barns in the Vispertal, Törbel and Grächenbiel.

39
Das Stadelbein: eine mühlesteinartige Gneisplatte (gegen Mäuse).

Le support: Dalle en forme de meule contre les rongeurs.

The 'leg' of a barn: a gneiss slab to keep out mice.

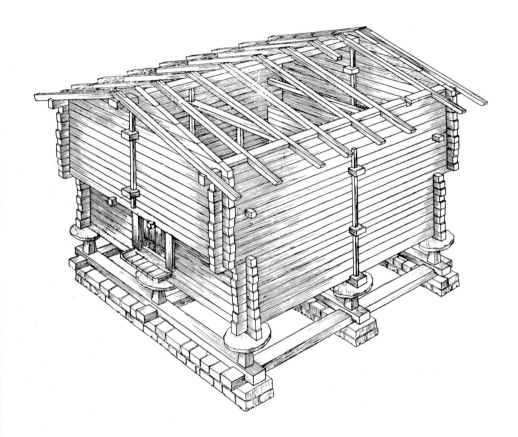

40–41
Der fürs Getreide bestimmte Stadel ist stellenweise der wichtigste siedlungsbildende Gebäudetyp.

La grange forme parfois la seule unité de l'ensemble.

The granary barn is in some places the dominant form of building in a settlement.

42–43
Auf meist hölzernen Unterbau kommt die offene Zone der Stadelbeine und Tragplatten.

Sur la base de bois, les supports de la grange.

The barn 'legs' and bearing slabs stand over the substructure, which is usually of wood, and form an open zone.

44–45
Spannbaumsystem und Pfeiler mit pilzhutartigen Platten.

Système de fermes et de poteaux avec les dalles-champignons.

Tie-beam system and uprights with mushroom-like slabs.

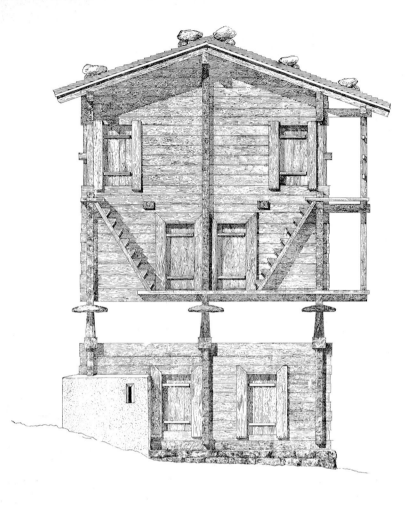

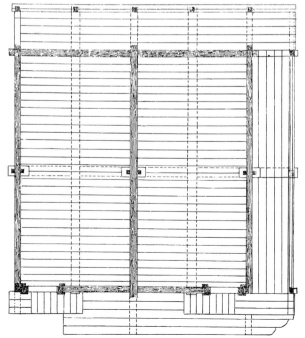

46–47
Der Blockbau ist aus Kanthölzern, meist aus Lärchenholz, gefügt und mit dem Beil gehauen.

Les madriers de mélèze sont taillés à la hache et assemblés simplement.

The log construction is of rectangular timbers, usually of larch, jointed and shaped with the axe.

46
Stadel in Fiesch, Massstab 1:100.

Fenil à Fiesch (1:100).

Barn at Fiesch, scale 1:100.

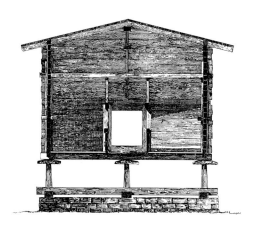

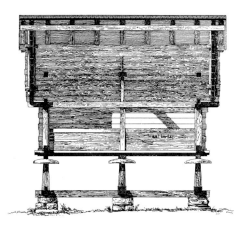

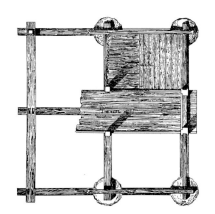

48
Der gemauerte Sockel mit dem
eingeschossigen Holzwerk im Blockbau.

Le soubassement en maçonnerie
supporte les madriers.

The masonry base with the one-storey
log-built superstructure.

49
Stadel in Ernen, Massstab 1:150.

Fenil à Ernen (1:150).

Barn at Ernen, scale 1:150.

50–51
Die Eigenart des Stadels hat sich unter
den Wirtschaftsbauten des Wallis
bewährt.

Le système des fenils a aussi été adopté
dans les fermes du Valais.

The characteristic barn of the Valais has
maintained its place among other farm
buildings.

Gomsertal

Das Gomsertal im Oberwallis spielt seit jeher eine wichtige Rolle als Alpübergang zwischen dem Berner Oberland, dem Tessin und dem Wallis. In der Höhenlage von 1000–1600 m ü.M. finden wir die geschlossenen Siedlungen mit ihren sonnenverbrannten Holzhäusern. Das typische Gomser-Haus besteht meistens aus einem Mauersockel und dem ein- oder mehrstöckigen Holzwerk in Blockbaukonstruktion.

Vallée de Goms

Cette vallée du Haut-Valais a été depuis fort longtemps un passage très fréquenté entre l'Oberland bernois, le Tessin et le Valais. A l'altitude de 1000 à 1600 mètres, on rencontre des groupes de chalets brunis par le soleil. Ces maisons typiques s'élèvent sur un soubassement en maçonnerie sur lequel reposent un ou plusieurs étages construits en madriers.

Gomsertal

Since time immemorial the Gomsertal in Upper Valais has figured importantly as an Alpine pass between the Bernese Oberland, the Ticino and the Valais. At an altitude of 3200–5200 ft. we find compact settlements with their sunburnt wooden houses. The house typical of Goms consists of a masonry base and one or more storeys constructed of logs.

53–57
Stadel aus dem Gomsertal.

Fenil de la vallée de Goms.

Barns in the Gomsertal.

53
Die Fassade der Stadel mit sonnverbranntem Lärchenholz. Das Dach besteht vielfach aus Bretterschindeln.

Le fenil en bois de mélèze, bruni par le soleil. La couverture est souvent en bardeaux.

The barn façade of sunburnt larchwood. The roof is often covered with clap boards.

54–55
Die Häuser werden von der Natur
dunkelsamtig gebräunt. Kraftvoll
symmetrische Aussentreppen.

Les façades ont été brunies par le soleil.
Les solides escaliers symétriques à
l'extérieur.

The houses are coloured a dark velvety
tone by nature. The symmetrical outside
staircases are vigorously stated.

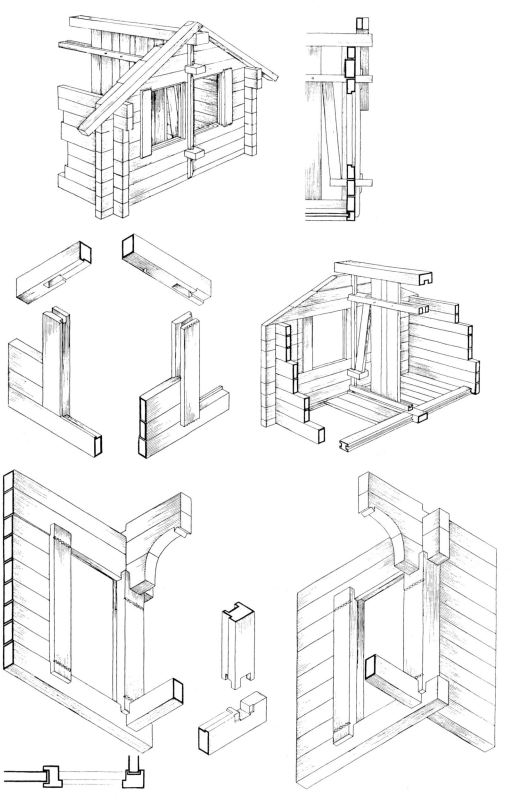

56–57
Zwischen dem sonngebräunten Stadel, dem Charakter der Landschaft und den ansässigen Menschen besteht eine naturbedingte Verwandtschaft.

Les fenils brunis, le paysage et les habitations forment une entité.

There is a natural affinity between the sunburnt barns, the character of the landscape and the people who live there.

56
Details Blockhaus.

Détail d'une maison à madriers.

Details of a log construction.

Wohnhäuser mit vorgehängter Fassade aus Appenzell

Der heimische Architekturstil lässt sich aus dem Brauchtum ableiten. Volksbräuche und Volksmusik haben sich zum Beispiel in Appenzell seit 450 Jahren ursprünglich und sehr gut erhalten, und darauf gründet sich die elementare Bauweise. Das fundamentale Bild eines Hauses war der Blockbau, für den aber das Klima zu rauh war, so dass man auf die Idee kam, ihm eine Holzschalung vorzuhängen. Heute ist der Architektur das Prinzip der ‹curtain-wall›, der vorgesetzten Wand, durchaus geläufig. Schon vor Jahrhunderten war es den Zimmerleuten in abgelegenen Gegenden bekannt, aus klimatischen Gründen eine aufgelockerte Wand vor das konstruktive System zu setzen. Dadurch bekamen diese Bauten eine maximale Durchbildung mit Fenstereinheiten, wie wir dies heute etwa in der Stahl- und Glasbauweise kennen. Fast möchte man diese ostschweizerische Volksarchitektur als einen Vorläufer des entwickelten ‹Skin and Skeleton›-Prinzips bezeichnen. Diese Bauten sind durch breite Fensterbänder auf der Südseite charakterisiert, die den Eindruck einer Glasfassade vermitteln. Die Fenster, oft breiter als hoch, sind mit Schiebe- oder Zugholzläden versehen. Die Bretter- und Täferschirme der Südseite sind meist in satter rotbrauner Farbe, während die Nordseite in verwittertem Grau

Habitations lambrissées dans l'Appenzell

Les usages et la musique populaires se sont maintenus dans l'Appenzell depuis quatre cent cinquante ans, et l'architecture, liée aux coutumes, s'est conservée selon les meilleures traditions locales. Comme le climat était rude, l'isolation des murs en madriers n'était guère suffisante et l'on s'est ingénié à plaquer un revêtement en bois contre la façade, sorte de mur-rideau dont le principe a été adopté par la technique moderne. Depuis des siècles les charpentiers de ces régions éloignées connaissaient l'application d'un revêtement de bois protecteur. Les fenêtres pouvaient s'insérer aisément et formaient de bandes vitrées continues du côté sud telles que de nos jours on les retrouve dans les constructions en acier et en verre dont on pourrait presque affirmer que l'architecture de la Suisse orientale est le modèle. Les baies sont en général plus larges que hautes; elles sont munies de volets coulissants en bois. Les façades exposées au sud sont brunies par le soleil, tandis que, au nord, le revêtement en bardeaux est gris, terni par le temps. L'altérnance des vitres et des cadres donne aux façades de ces maisons paysannes de l'Appenzell une cadence dont on pourrait s'inspirer de nos jours. La lumière et le soleil déterminent l'orientation de ces maisons aux pièces basses.

Dwellinghouses with a curtain wall in the Appenzell

Local architectural style derives from custom. For 450 years local customs and folk music have flourished in the Appenzell and it is on this autochthonous basis that the primitive Architecture of the region has arisen. The basic form of the house was a log construction but the climate was too severe for this and the idea was conceived of wrapping it round with a casing of wood. Today the architectural principle of the curtain wall is well established. Centuries ago carpenters in remote regions knew about placing a wall of weatherboarding in front of the structural frame for climatic reasons. In this way these buildings became structured throughout with window units of the kind familiar to us today from the steel-and-glass mode of construction. One is almost tempted to see in this traditional architecture of Eastern Switzerland a precursor of the fully developed 'skin-and skeleton' principle of building. These buildings have broad ribbons of almost continuous glazing on the southern side which create the impression of a glass façade. The windows, which are often greater in breadth than height are fitted with sliding or draw-up wooden shutters. The plank or panel siding on the south side is usually of a rich reddish-brown colour whereas the north side with its shingle facing is a weathered grey. The

mit Schindelschirmen gestaltet ist. Die Rhythmisierung der Fassadenfläche wird weiter durch den Wechsel von Rahmen und Fenstern verstärkt. Gerade diese technologische Ausweitung der Verwendung von Holz im Appenzeller Bauernhaus ist auch für uns beispielhaft. Nach der Sonne richten sich Plazierung und Orientierung des Hauses. Hauptbestreben war immer, viel Licht und Wärme in die niedrigen Wohnräume zu bringen. Bemerkenswert sind die geschweiften Giebel und die schön verteilten Fenstergruppen der Dorfhäuser.

rhythm of the façade is further accentuated by the varied pattern of frames and windows. It is precisely this use of wood for a new technical purpose in the Appenzell house that can serve us today as a model. The site and orientation of the house are determined by the sun. It was always the principal concern to allow copious light and warmth to flood the lower living rooms. The curved gables and the beautifully patterned window groups are a striking feature of the village houses.

Schwellbrunn und Umgebung

Der Kurort Schwellbrunn ist auf einem sonnigen Kamm weit oberhalb Herisau auf 1000 m ü.M. gelegen, wobei sich die typischen Wohnbauten eng aneinander dem Höhenzug anschmiegen. Dabei fallen die Strassenfassaden mit der Schaffung von grossen Lichtflächen in der Anordnung und Gruppierung der Fenster auf. Die konstruktive Freiheit ist bedingt durch das, was im Innern verlangt wird. An die Stelle des Einzelfensters tritt die durchgehende Fensterreihe, Fensterwagen genannt.

Schwellbrunn et environs

La station balnéaire de Schwellbrunn est située sur une crête ensoleillée à 1000 mètres, bien au-dessus de Herisau. Les habitations sérrées les unes contre les autres, s'alignent sur la pente. Les façades sur rue sont caractérisées par les grandes baies vitrées disposées en bandes, ce qui correspond à la distribution intérieure et offre un meilleur jour que les fenêtres ordinaires.

Schwellbrunn and environs

The resort of Schwellbrunn is located at a height of 3200 ft. on a sunny ridge above Herisau and the typical houses nestle close together along the crest. A striking feature is formed by the street façades which create large areas of light by the way the windows are arranged and grouped. Structural freedom is limited by the requirements of the interior. Instead of individual windows there are whole rows of them.

60–83
Blockbauten mit Vertäferung und Klebedächern im Kanton Appenzell.

Maisons revêtues de bois et toitures collées dans le canton d'Appenzell.

Log constructions with wood panelling and built-up roof cladding.

61
Typisches Bauernhaus ‹Zur Sommerhütte› in Teufen (Mehrzweckbau mit Wohnhaus, Stall, Scheune), Massstab 1:200.

Maison paysanne ‹zur Sommerhütte›, caractéristique de l'ensemble: habitation, écurie, grange, à Teufen (1:200).

'Zur Sommerhütte', a typical farmhouse at Teufen (multipurpose building with living quarters, stable and barn), scale 1:200.

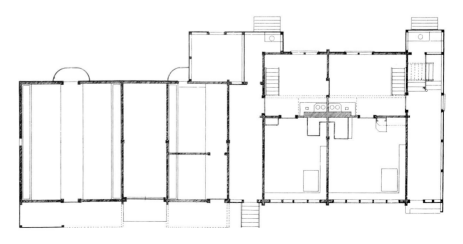

62–73
Ländliche Haustypen aus der Gegend von Schwellbrunn.

Maisons paysannes de la région de Schwellbrunn.

Rural types of house in the region of Schwellbrunn.

62
Die Technisierung schlägt sich in der Vertäferung des Blockbaus nieder.

Technique autochtone du revêtement en bois de la maison à madriers.

The use of technical methods is reflected in the wood panelling of the log construction.

63
Bauerngehöft in hügeliger Landschaft komponiert.

Ferme s'incorporant au paysage vallonné.

A group of buildings forming a farmstead echoes the features of the landscape.

64–65
Giebelständige Reihung der Wohnhäuser mit Fenster- und Ladenverklei-
dung.

Maisons à pignon, alignées.

The gable ends of the houses display a
strip-like pattern made up of panels,
windows and shutters.

66–67
Das typische Appenzeller Bauernhaus
als Einzelhof mit einer Bautradition von
ca. 450 Jahren.

La ferme appenzelloise caractéristique
d'une tradition de 450 ans.

The typical Appenzell farmhouse stands
alone in the countryside and can look
back on 450 years' tradition in building.

68–69
Der Haustyp des Appenzellerhauses wird als Hochstud, d.h. als eine den Firstbalken stützende Senkrechte bezeichnet.

Le type de la maison appenzelloise à supports verticaux.

The basic structure of the Appenzell house consists typically of full-height vertical members supporting the roof ridge.

70–73
Dorfhäuser aus Schwellbrunn.

Maisons villageoises à Schwellbrunn.

Village houses in Schwellbrunn.

70–71
Additive Fenstergruppe mit auskra-
genden Giebeln an der Strassenfront.

Fenêtres en série, pignons en saillie sur
rue.

Additive window group with overhanging gables on the street façade.

72–73
Vordächer in der Fassade: über den Fensterreihen auf dreieckigen Böcken ist ein Schutzdächlein vorgeschoben, welches die Fenster zusätzlich schützt.

Avant-toits: au-dessus des fenêtres alignées, il y a un avant-toit protégeant celles-ci.

Canopies in the façade: above the rows of windows a lip mounted on triangular supports projects and affords the windows additional protection.

Gais

Das eigentliche, heimische Appenzeller Haus steht in freier Landschaft. Einem feinen Netz gleich überzieht ein Geflecht von Zäunen das Heimwesen. An der Sonnenseite der Holzhäuser klettert vielfach ein Spalier empor und vermittelt Kontraste von Schutz, Schatten und Vegetation. Anders ist das Bürgerhaus im Dorfkern: Auf einer etwas erhöhten Ebene des Marktplatzes in Gais (AR) erhebt sich das geschlossene Häuserensemble mit den profilierten Mansardendächern des späten Barocks aus dem 18. Jahrhundert.

Gais

Alors que la maison de la campagne appenzelloise est généralement isolée, entourée de clôtures et garnie d'espaliers dispensant les agréments du soleil et de l'ombre, il en est autrement des maisons au centre des villages: A Gais (Rhodes Extérieures), sur la place du marché, légèrement surélevée, se dresse un ensemble de maisons contiguës, avec des pignons incurvés aux formes baroques datant du 18e siècle.

Gais

The typical Appenzell house stands in open countryside. Over the homestead is spread a fine-spun net of fences. On the sunny side of the wood houses there often runs a climbing lattice providing protection, shade and vegetation. The solid town house in the heart of the village is different: on the somewhat elevated market place in Gais (AR) stands a compact row of house fronts crowned with boldly shaped mansard roofs from the Late Baroque of the 18th century.

74–79
Markante Barockfront der Bürgerhäuser auf dem Dorfplatz von Gais.

Les pignons incurvés des maisons du village de Gais (Prix Wakker 1977).

Striking Baroque façades of town houses on the square at Gais.

75
Ziergiebel mit Mansardendächern von 1780.

Pignon décoré et toits Mansart de 1780.

Ornamental gable with mansard roof, 1780.

76–77
Schiebe- oder Zugläden und niedrige Fenster. Hauptbestreben in der Fassadengestalt, Licht und Wärme in die Wohnräume zu bringen.

Fenêtres basses et volets coulissants: lumière et chaleur.

Sliding or draw-up shutters and low windows. The façade is designed chiefly to admit light and warmth into the rooms.

78–79
Nach der Sonne richtet sich die Plazierung und Orientierung der Häuser.

L'orientation des maisons au gré du soleil.

The houses are sited and oriented to take full advantage of the sun.

Appenzell

Das Dorf Appenzell (IR) ist am Fusse des Alpsteins in einer Hügellandschaft gelegen, in welcher uralte bäuerliche Kultur und einfache Industrieformen (Stickerei und Weberei) sich zu einem einzigartigen Zusammenklang fanden. Beschaulichkeit und Gemütlichkeit charakterisieren Wesens- und Lebensart der Bewohner. Immer aber weckt die nach Süden weit geöffnete Fassade Assoziationen mit der modernen ‹Skin- and Skeleton› – Architektur.

Appenzell

La localité d'Appenzell (Rhodes Intérieures) est située dans un paysage vallonné au pied des montagnes, où se maintiennent les anciennes traditions paysannes et le travail à domicile. (Broderie et tissage). L'esprit contemplatif et débonnaire caractérise les habitants. Là aussi, les façades largement exposées au midi, rapellent l'architecture réglée par les cadres et les ouvertures, telle que l'époque moderne en a adopté le système.

Appenzell

The village of Appenzell (IR) is located at the foot of the Alpstein in a hilly landscape where ancient peasant culture and simple industries (embroidery and weaving) form a curious amalgam. The nature of the inhabitants and their mode of life are marked by an unhurried and easy-going tenor. These façades, wide open to the south, never fail to evoke associations with modern skin-and-skeleton architecture.

81
Auf der Hinter- oder Nordseite ist die Schindelwand gegen Witterungseinflüsse.

Les façades arrières ou exposées au nord sont revêtues de bardeaux.

On the rear or north side the shingle wall keeps out the inclement weather.

82–83
Bretter- oder Täferschirme sowie
Pflanzen schützen die Aussenwände.

Les lames et les lambris, et même les
plantes, protègent les façades.

Weatherboarding or panelling and also
plant growth protect the outside walls.

Bauformen in Holz im Emmental

Im Voralpengebiet und im nördlichen Flachland war ursprünglich der Ständerbau üblich. Er erlaubte viel grössere Variationen. Innerhalb dieser Variationen konnten alle Funktionen einer Gebäudegruppe erfüllt werden. Das statische Prinzip des Ständers war immer das Skelett. Der Skelettbau ermöglicht uns, die Statik von der Dynamik, also die Elemente der Struktur und Gestalt klar zu trennen. Diese elementare Gesinnung war den damaligen Handwerkern selbstverständlich, da ihr Denken an das Material, seine Möglichkeiten und Grenzen gebunden war. Bei dem grossen Waldreichtum war Holz eine beliebte Materie, das sozusagen allen Anforderungen eines Bauwerkes gerecht werden konnte. Dabei war ein Ausbrechen in allzu grosse formalistische Abwege undenkbar. Das struktive Prinzip war durch das Holzmass gefordert, wobei sich das ausfachende System zwangsläufig ergab. In der Durchdringung von Masse und Transparenz war die Gliederung von Struktur und Gestalt ein Leichtes. So bekam das bescheidene Dekor in der Fassade seinen richtigen Platz. Nichts war an diesen volkstümlichen Bauten zuviel; sein Schnörkel war dem konstruktiven Gefüge unterworfen. Aus den Bedingungen des bäuerlichen Lebens entstand das Emmentaler Gehöft von Bauernhaus, Wohnstöckli und Vorratsspeicher. Das

Architecture de bois dans l'Emmenthal

Dans les Préalpes et dans le nord du Plateau régnait jadis la construction à poteaux ou à ossature en bois qui admettait une grande liberté dans la distribution des locaux. Cette construction où les éléments porteurs et les éléments non-porteurs sont nettement différenciés dans leurs fonctions statiques et dynamiques forme un ensemble de partie essentielles et résistantes qui supportent un tout. Ce système était pratiqué avec art par les ouvriers de jadis; ils en connaissaient les propriétés et les limites. Les forêts fournissaient avec abondance le bois, matériel propre à remplir toutes les conditions de la construction et l'utilisation rationnelle suffisait naturellement aux besoins ornementaux, car la netteté et l'ordonnance des pièces de bois réalisait aisément cette mesure et cette légèreté qui font la beauté des façades où chaque détail est subordonné au tout. Selon les occupations paysannes la ferme de l'Emmenthal se compose de l'habitation, d'une petite annexe et de la grange. Dans la région montagnarde sont réunis sous un même toit l'habitation, l'aire de la grange et les locaux pour entreposer les provisions et les engins. Sur le soubassement en maçonnerie de molasse ou de roche s'élève le bâtiment construit en bois de sapin. Autrefois la couverture était de chaume et, plus tard, de bardeaux.

Timber structures in the Emmental

In the pre-Alpine area and in the northern lowlands the post-and-beam structure was originally prevalent. Its scope for variation was much greater. Within these variations all the functions of a group of buildings could be performed. Statically the post-and-beam building was always based on the skeletal principle. Skeleton structure enables us to make a clear distinction between statics and dynamics, between structure and design. Thinking in such terms came naturally to the craftsmen of earlier days since their minds were bound to the material, its possibilities and its limitations. When forests were plentiful, wood was a favourite material capable of meeting virtually all the needs of building. Under these circumstances it was inconceivable that architecture should stray into excessively formalistic byways. The structural principle was dictated by the solid wood and automatically gave rise to a system of infills. With the interpenetration of solid and transparency it was easy to keep structure and artistic design separate from each other. Consequently the modest decoration of the façade was allotted its proper place. There was nothing excessive about these traditional buildings: their flourishes and curlicues were subordinated to the structural organization. The Emmental farmstead, consisting of a farmhouse, quarters for the re-

Bauernhaus in der bergischen Landschaft ist ein Mehrzweckhaus. Unter einem Dach sind Wohnung, Stall, Tenne und Bergeräume für Vorräte und Gerätschaften. Als Baumaterial diente Tanne. Nur die Fundamente sind aus Sand- oder Bruchstein. Das Dach war früher aus Stroh, später aus Schindeln. Weitere Beispiele bäuerlicher Architektur sind die gedeckten Holzbrücken. Wegen des alpinen Klimas wird die Konstruktion des Hängewerks durch ein Dach geschützt. Vorherrschende Materialien fanden wie bei vielen anderen Brücken im Voralpengebiet Verwendung: Holz beim Hängewerk, Schindeln bei der Bedachung und das Material des Bachbettes beim Kieselmauerwerk der Widerlager.

Les ponts en bois font partie de l'architecture des régions rurales; dans ce climat rude une large toiture protège la charpente. Là aussi les bardeaux forment la couverture; les cailloux de la rivière servent à faire les fondations.

tired farmer, and a barn, took its rise from the needs of farming life. In the mountain regions the farmhouse is a multipurpose building. Under one roof are located the living quarters, the stable, the threshing floor, and rooms for storing equipment and tools. Fir-wood is used as building material. Only the basement is of sandstone or rough stone. The roof was previously thatched and later shingled. Covered timber bridges are another form of peasant architecture. Because of the Alpine climate the hanging truss is protected by a roof. The materials immediately available in the environs were used in many other bridges in the pre-Alpine region: timber for the hanging truss, shingles for the roof, and the material of the stream bed for the stone used in the masonry of the abutments.

Brücken in Holz

Besonders eindrückliche Konstruktionen sind die ‹eingepackten› Holzbrücken im Emmental. Ein besonders schönes Beispiel ist die in Hasle-Rüegsau schon 1839 erbaute und 1958 an den jetzigen Standort versetzte vollständig geschalte Brücke, die im unteren Windverband durch Andreaskreuze mit den beiden Tragsystemen verbunden ist. Die gedeckte Moosbrücke in Langnau über den Ilfis wurde 1797 erbaut und 1974, vollständig renoviert, an einen anderen Bauplatz verlegt.

Les ponts en bois

Un exemple particulièrement intéressant est le pont couvert de Hasle-Ruegsau, construit en 1839 et remonté en 1958 après son transfert à l'emplacement actuel. L'entretoisement fait de croix de Saint-André est relié aux deux systèmes porteurs. Les parements sont entièrement lambrissé de bois. Le pont couvert sur l'Ilfis à Langnau date de 1797; il a également été restauré et transporté à un autre endroit.

Timber bridges

Some of the timber bridges in the Emmental are particularly impressive constructions. A very fine specimen is the bridge built at Hasle-Rüegsau as long ago as 1839 and transferred to its present site in 1958. It is a completely encased bridge of which the trusses are united in the lower bracing system by means of diagonal struts. The covered Moos bridge at Langnau was built over the Ilfis in 1797 and, after complete renovation in 1974, removed to another site.

87–91
Gedeckte Holzbrücken im Emmental.

Ponts couverts dans l'Emmenthal.

Covered timber bridges in the Emmental.

87–89
Moosbrücke über die Ilfis in Langnau (erbaut 1797, versetzt 1974).

Pont sur l'Ilfis à Langnau (construit en 1797, déplacé en 1974).

Moos bridge over the Ilfis in Langnau (built 1797, resited 1974).

87
Wegen der Witterung wird die Konstruktion des Hängewerkes durch ein Dach geschützt.

Le toit protège la construction suspendue.

Because of the weather the construction of the hanging truss is protected by a roof.

88–89
Die Strebebalken sind über die Fahrbahn aufgehängt. Für die Bedachung wurden Schindeln verwendet.

Les poutres supportent le tablier la couverture est faite de bardeaux.

The bracing is arranged above the carriageway. Shingles are used for roofing.

90–91
Haslebrücke über die Emme in
Wintersei bei Hasle-Rüegsau (erbaut
1839, versetzt 1958). Unterer
Windverband mit doppeltem System
von Andreaskreuzen, mit denen die
beiden Tragsysteme von 58 m
Spannweite die vollständig verschalte
Brücke verbinden.

Le pont de Hasle sur l'Emme à
Wintersei près de Hasle-Rüegsau
(construit en 1839, déplacé en 1958).
Contreventement inférieur par un
système double de croix de Saint-André
qui relient les deux systèmes de 58 m
de portée. Le pont est entièrement
lambrissé.

Hasle bridge over the Emme at
Hasle-Rüegsau (built 1839,
resited 1958). Lower diagonal bracing
with a double system of diagonal struts
unites the two truss systems of the
completely encased bridge with its span
of 58 m.

Langnau-Eggiwil

Im Kern des Emmentals zwischen Bern–Thun–Luzern liegen Langnau und Eggiwil. Diese Gegend zeichnet sich durch voralpine Hügellandschaft, währschafte Einzelhöfe (Bauernhaus, Stöckli, Speicher) und ausgedehnte Tannenwälder aus. Das Eigentümliche des Emmentaler Hauses ist der geschweifte, verbretterte Dachvorsprung der Giebelseite, dessen hoher Dachraum Vorräte an Heu und Korn birgt.

Langnau-Eggiwil

Ces deux localités sont situées au centre de l'Emmenthal entre Berne–Thoune et Lucerne. Dans cette région vallonnée des Préalpes aux vastes forêts de sapin il y a des fermes cossues (habitation, grange et grenier) dont l'avant-toit est cintré et lambrissé. Les combles servent à entreposer le foin et le grain.

Langnau-Eggiwil

Langnau and Eggiwil are located in the heart of the Emmental between Berne, Thun and Lucerne. The characteristic features of the area are a pre-Alpine hill landscape, sturdy farms standing in isolation and consisting of a farmhouse, retired farmer's quarters, and barns, and extensive coniferous forests. The Emmental house is notable for the way the roof overhangs to form a curved part of the gable in the upper section of which hay and corn are stored.

93–117
Ständerbauten mit weitausladenden vorkragenden Dächern aus dem Emmental (Kanton Bern).

Constructions sur poteaux avec des toits très saillants. Emmenthal (canton de Berne).

Post-and-beam structures with deep overhanging roofs in the Emmental (canton of Berne).

93–111
Ländliche Bauten in der Gegend von Langnau bis Eggiwil.

Maisons paysannes dans la région de Langnau jusque vers Eggiwil.

Rural buildings in the region between Langnau and Eggiwil.

93
Hochstud-Ständer Bauernhaus mit Bogenlaube, Wittenbach bei Lauperswil, 1788.

Maison paysanne à poteaux et grande arcade, Wittenbach près de Lauperswil, 1788.

Farmhouse with galleries at Wittenbach near Lauperswil, 1788. The house is built on the post-and-beam system with full-height vertical members supporting the ridge beam.

94–95
Moserhaus, Textilfärberei mit offenem Dachraum, Signau 1756–60.

Maison Moser, teinturerie dans les combles ouverts, Signau 1756–60.

Moser House, textile dyehouse with open roof space, Signau 1756–60.

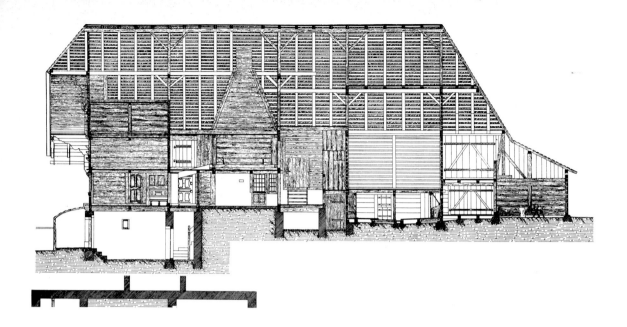

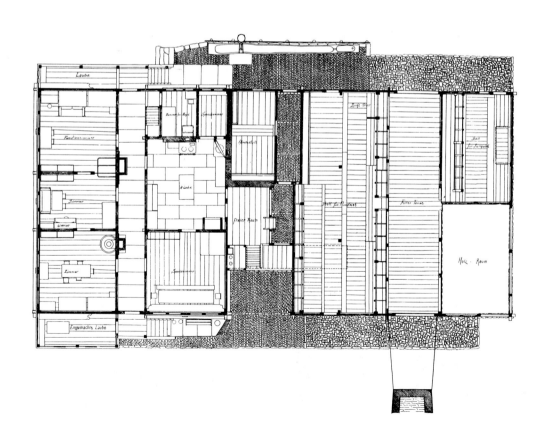

96

96
Bauernhaus im Stieg bei Diemtigen,
Massstab 1:250.

Maison paysanne à Stieg près de
Diemtigen (1:250).

Farmhouse in the Stieg near Diemtigen,
scale 1:250.

97
Speicher in Biglen. Blockwand durch
‹Stützeln› auf einem Schwellenkranz
aufgestülpt.

Grenier à Biglen. Mur en madriers,
posés sur un soubassement au moyen
de potelets.

Granary at Biglen. The log wall is
supported on a pole plate system by
means of props.

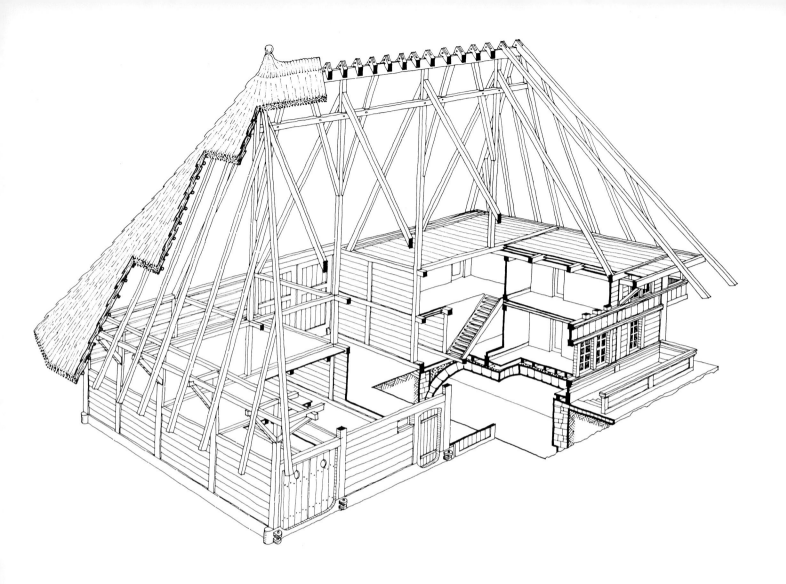

98
Baugerüst eines Hochstudhauses.

Charpente d'une maison sur poteaux.

Structure of a house with the ridge
beam supported by full-height vertical
members.

99
Typischer Emmentaler Speicher mit
Seitenlauben ‹Zum Türken› bei
Sumiswald.

Grenier de l'Emmenthal avec des
galeries latérales, ‹Le Turc›, près de
Sumiswald.

Typical Emmental granary 'Zum Türken'
with galleries near Sumiswald.

100
Bauernhaus aus Wittenbach 1788. Die
Lauben zur Sonnenseite hin werden mit
blühenden Geranien geschmückt.

Maison paysanne à Wittenbach, 1788.
Les galeries au midi sont décorées de
géraniums.

Farmhouse at Wittenbach 1788. The
balconies on the sunny side are
decorated with geraniums in flower.

101
Speicher oberhalb Wittenbach, 18. Jh.
Die grossen Flächen des Daches, der
umlaufenden Laube und der Schossver-
schalung werden durch Verzierungen
belebt.

Grenier au-dessus de Wittenbach, 18e
siècle. Les grandes surfaces du toit, de
la galerie entourant la maison et le
revêtement en lames sont ornées de
motifs décoratifs.

Granary above Wittenbach, 18th
century. The broad areas of the roof, the
gallery running round the building, and
the panelling are decorated.

102–103
Bauernhofensemble: vor dem Mehrzweckgebäude des typischen Emmentaler Gehöfts ist der Speicher und links das Wohnstöckli (Wohnung des Altbauern).

Ferme de l'Emmenthal avec l'habitation, le grenier et l'annexe pour les vieux.

Farmstead group: in front of the multipurpose building of the typical Emmental farm is located the barn and, to the left, the quarters for the retired farmer.

104
Konsolenartige Vorsprünge von
schrägen Windstreben.

Consoles en saillie avec des contreven-
tements obliques.

The diagonal braces project to form
corbel-like brackets.

105
Bauernhaus mit Rauchküche aus Trub.

Maison paysanne et fumoir à Trub.

Farmhouse with smoke house at Trub.

Bauernstube aus Dürrenroth mit
Biedermeiermöbeln, 1792.

Intérieur paysan avec des meubles de
style ‹Biedermeier›, 1792.

Farm kitchen at Dürrenroth with
Biedermeier furniture, 1792.

Typischer Einzelhof in hügeliger
Landschaft im Weiler von Hinten
1000 m überm Meer, dessen Siedler
die Hanglage geschickt auszuwerten
wussten.

Ferme isolée dans un paysage vallonné
dans le hameau de Hinten, altitude
1000 m, où les habitants ont su
habilement utiliser la situation en pente.

Typical isolated farmstead in hilly
country in the hamlet of Hinten,
3200 ft. above sea level. The original
settlers were able to make skilful use of
the hillside site.

108
Die Dachgiebelkonstruktion unter dem
ausladenden Schirm des Dachhauses.

La charpente des combles sous
l'auvent.

The construction of the roof gable under
the overhang is clearly visible.

109
Wohnhaus Röttisberger in Langnau,
1780. Fassadendetail mit sichtbarem
Flugband.

Maison Roettisberger à Langnau, 1780.
Détail de la façade avec un bandeau
apparent.

Röttisberger House at Langnau, 1780.
Façade detail with lean-to type of roof.

110–111
Bauernhof Tritt im Weiler Hinten.
Mehrzweckbau (früher Dreisässhaus)
Unter einem Dach sind Wohnung, Stall,
Tenne und Bergeräume für Vorräte.

Ferme de Tritt dans le hameau de
Hinten. Habitation triple: sous un même
toit sont réunis l'habitation, l'écurie,
l'aire et les locaux à provisions.

Tritt farmhouse in the hamlet of Hinten.
Multipurpose building. Living quarters,
stable, threshing floor and storage
rooms for equipment are under one
roof.

Kiesen bei Thun

Das Schlossgut von Kiesen an der Autostrasse zwischen Bern und Thun war schon 1815 die erste Dorfkäserei für Emmentaler Käse und bis gegen Ende des letzten Jahrhunderts in Betrieb. Heute ist dieser Riegelbau ein Kleinmuseum für nationale Milchwirtschaft.

Kiesen près de Thoune

Le domaine du château de Kiesen, situé près de l'autoroute de Berne à Thoune était dès 1815 la première fromagerie de la spécialité de l'Emmenthal; elle est restée en exploitation jusqu'à la fin de siècle dernier. Aujourd'hui ce bâtiment à colombage est un musée de la laiterie nationale.

Kiesen near Thun

The castle farm of Kiesen on the motorway between Berne and Thun was the first village cheese dairy to produce Emmental cheese and continued in operation until the end of the 19th century. Today this half-timbered building is a small museum for the national dairy industry.

112–117
Dorfkäserei Kiesen bei Thun seit 1815 bis gegen Ende des letzten Jahrhunderts. Heute als milchwirtschaftliches Kleinmuseum eingerichtet.

Fromagerie à Kiesen près de Thoune, en fonction dès 1815 jusqu'à la fin du siècle dernier. Actuellement, petit musée de la laiterie.

Cheese dairy at Kiesen near Thun. It was in operation from 1815 to the end of the 19th century and is today a small dairy industry museum.

114–115
Fachwerkensemble in der Aareebene.

Ensemble de maisons à colombage
dans la vallée de l'Aar.

A group of half-timbered buildings on
the Aare plain.

116–117
Eine Riegelkonstruktion ziert das quadratische Gebäude. Im Erdgeschoss ist die Käseküche aus der ersten Hälfte des 19. Jh. eingerichtet.

Le bâtiment carré est une belle construction à colombage. Au rez-de-chaussée est installée une fromagerie datant de la première moitié du 19e siècle.

The square building is decorated with half-timbering.

117

Riegelbauten aus dem Elsass

Die kulturelle Konzentration am Rheinknie hat bis ins Bauernhaus durchgewirkt. Der Weinbau ist in dieser Gegend entlang dem Fuss der Vogesen auf dem fruchtbaren Lösshügel besonders gut entwickelt. Dabei sind die ursprünglichen Methoden der Bearbeitung der Traube und des Weins seit Jahrhunderten die gleichen geblieben. Bestimmt hat die Elsassrebe der Architektur das Gesicht gegeben. Die besondere Art der Häuser drückt sich im sogenannten ‹Riegelbau›, auch eine Art Ständerbau, aus. In der Fassade dominiert das Fachwerk, eine Konstruktion aus Gefach und Ausfüllung. Die Wände sind aus Lehm, mit einem Flechtwerk aus feinen Zweigen ausgefüllt. Das Dach schützt Giebel und Längsmauern und ist weit ausladend. In der Strassenzeile sind diese Fachwerke von Haus zu Haus in Form und Farbe verschiedenartig geprägt, wobei eines das andere übertreffen will. Der Phantasie und der Rhythmisierung in der Fassade sind keine Grenzen gesetzt. Die Konstruktion bleibt aber immer klar, sichtbar ablesbar. Das konstruktive Holzgefüge mit eleganten Kurven und Gegenkurven steht in deutlichem Kontrast zum Füllwerk. Diese Riegelbauten eignen sich sowohl für Reihenhäuser als auch für Einzelbauten, sind also als Bürger- und Bauernwohnung benützbar. Meist sind es mehrgeschossige Gebäude mit vorkra-

Maisons alsaciennes à colombage

La civilisation du Haut-Rhin s'est manifestée dans les formes de la maison paysanne d'une manière très particulière. La région viticole le long des Vosges sur les collines argileuses a conservé depuis des siècles ses traditions dont l'architecture spécifique est une expression marquante: maisons à colombage dont les pans de mur en charpente sont garnis d'une maçonnerie légère d'argile renforcée de treillis de branchages. Le toit en saillie protège le pignon et la façade. Dans l'enfilade des rues, les façades rivalisent l'une avec l'autre par la forme et par la couleur, par le décor et par l'ordonnance. Le colombage avec parfois des motifs incurvés ressort nettement sur le remplissage. Que les maisons soient isolées ou contiguës, en ville ou à la campagne, le système constructif est toujours le même. Quand il y a plusieurs étages, l'un déborde sur l'autre; partout la charpente forme l'ossature indispensable. Ces types se sont maintenus en raison de la persistance des habitudes vigneronnes malgré l'industrialisation envahissante contre laquelle s'élèvent les mesures de sauvegarde du patrimoine: car cette architecture authentique s'incorpore si bien au paysage que l'on peut parler d'un style, où la construction et l'effet sont étroitement liés.

Half-timbered buildings in Alsace

The cultural concentration on the elbow of the Rhine has even left its impact on the farmhouse. Wine-growing is particularly well developed in this region along the foot of the Vosges on the fertile loess hills. The original methods of producing the grape and the wine have remained unaltered down the centuries. There is no doubt that the Alsace vine has left its impression on the architecture. The houses are notable for their half-timbering, which is a form of post-and-lintel construction. The façade is dominated by the pattern produced by the timber frame and the infilling which consists of woven rods and twigs with a covering of clay. The roof with its deep overhang covers the gables and the long walls. This half-timbering varies in pattern and colour from house to house in a street, with each house trying to outdo its neighbours. There is no limit to the imagination displayed in the rhythmic patterns of these façades. But at all times the inner structure remains clear and easy to discern. The structural framework with its elegant curves and countercurves forms a marked contrast to the infilling. This half-timbered type of architecture is suitable for both rows of houses and freestanding buildings and can therefore be used for town dwellings and farm houses. Most of the buildings have

genden Stockwerken. Je mehr Stockwerke man aufstockte, desto wichtiger wurde das Fachwerk als Skelett. Das einseitige Vorherrschen des Weinbaus und die geringe Industrialisierung begünstigen die Erhaltung dieser Bautypen, die leider in der letzten Zeit bedroht sind, trotz allen Bemühungen des Umweltschutzes. Gerade im Elsass ist die heimische Architektur mit der Landschaft eins; eine objektive Architektur, deren Stil in der Sichtbarmachung der Konstruktion besteht.

several floors and the storeys overhang. The larger the number of storeys, the greater the importance of the timber frame as a skeleton. The prevalence of wine-growing to the exclusion of most other occupations and the small amount of industrialization have favoured the preservation of this type of architecture, but recently, in spite of all the efforts at protection, it has been increasingly threatened. In Alsace the local architecture, dominated by the expression of the inner structure, is particularly at one with the landscape.

Sundgau

Der elsässische Sundgau wird als der grosse, grüne Garten vor der Enge der Rheinstadt Basel bezeichnet. Malerische Dorfarchitektur mit der Schönheit der Fachwerkbauten zeugt von Ursprünglichkeit in der befreienden Weite der ebenen Landschaft. Das Riegelwerk wird heute vielerorts wieder von der dicken Putzschicht befreit, unter der man es in früheren Jahren aus Furcht vor Bränden kaschiert hatte.

Sundgau

Cette vaste région du Haut-Rhin alsacien a été appelée le jardin verdoyant de la ville de Bâle voisine. Les belles maisons témoignent d'une ancienne tradition soigneusement conservée dans cette plaine fertile. Le crépissage qui avait recouvert les façades par précaution contre les ravages du feu a été enlevé pour laisser apparaître la beauté du jeu des pièces de bois du colombage.

Sundgau

Sundgau in Alsace is like a spacious green garden spread out before the landscape narrows into the urban area of the City of Basle on the Rhine. Picturesque village architecture characterized by the beauty of its half-timbered buildings tells a story of original minds at work in the liberating spaciousness of the level plain. In many places the half-timbering is being freed from the coating of plaster applied to it in past years as a protection against fire.

121–149
Fachwerkbauten aus dem Elsass mit braungebrannten Riegeln.

Maisons à colombage en Alsace, les pièces de la charpente ont bruni.

Half-timbered buildings in Alsace with brown-burnt woodwork.

121
Fachwerkkonstruktion aus dem 17. und 18. Jh.

Colombages du 17e et du 18e siècle.

Framework construction of the 17th and 18th centuries.

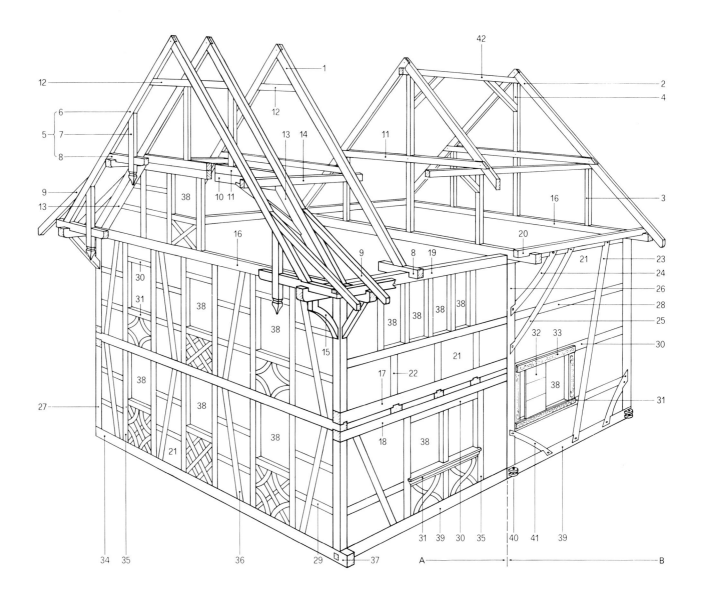

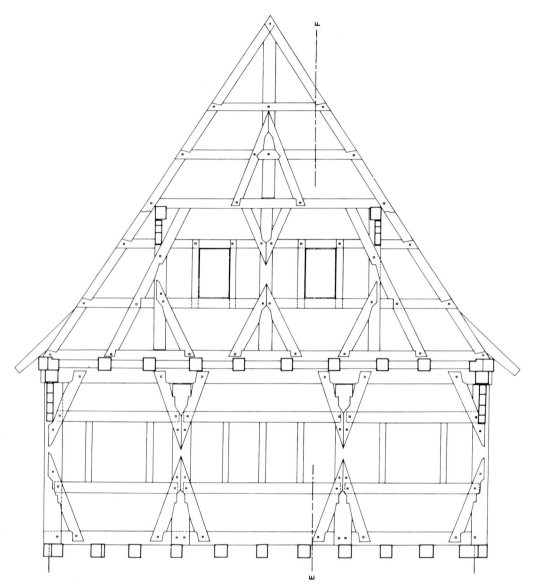

122
Rahmengerüst, Massstab 1:75.

Cadre (1:75).

Framework, scale 1:75.

123–129
Fachwerkhäuser aus dem Sundgau (Oberelsass).

Maisons à colombage du Sundgau (Haut-Rhin).

Half-timbered houses in the Sundgau (Upper Alsace).

123
Das Fachwerk ist eine Bauweise eines Rahmenwerks aus Holz. Die Zwischenfächer werden mit Mauerwerk oder Lehm ausgefüllt.

Le colombage est une charpente de bois; les vides sont garnis de maçonnerie, parfois d'argile.

Half-timbering is a type of framework construction of wood. The spaces between the timbers are filled with bricks, stones or clay.

124–125
Die Gefache sind durch lehmverstrichenes Flechtwerk ausgefüllt.

Les vides sont garnis de fascines crépies.

The spaces are filled with woven rods and twigs coated with clay.

126–127
Dynamische Fassadengestalt in Fachwerk kennzeichnet die ländlichen Dörfer des Elsass.

Les villages de l'Alsace sont caracté-risés par les façades en charpente solide.

The villages in Alsace are notable for the lively patterns of their half-timbering.

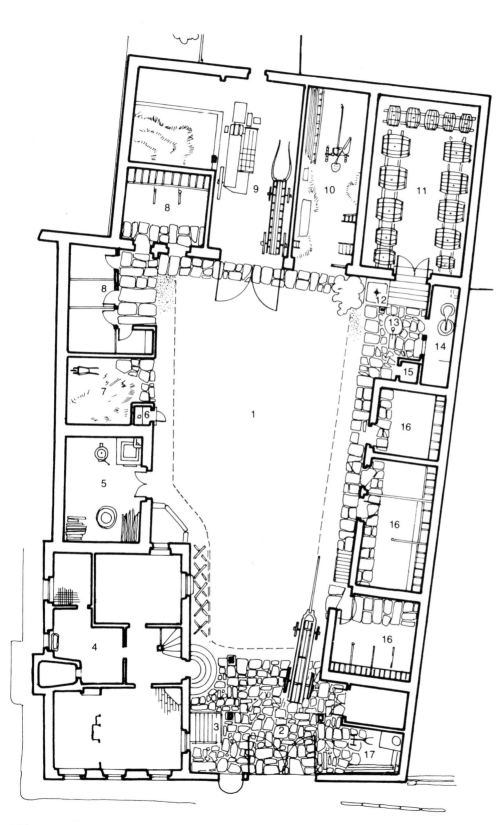

128–129
Hof in Bouxwiller 1780. Aufnahme
1948, Massstab 1:200.

Ferme à Bouxwiller, 1780. Relevé
1948 (1:200).

House at Bouxwiller, 1780. Survey
1948. Scale 1:200.

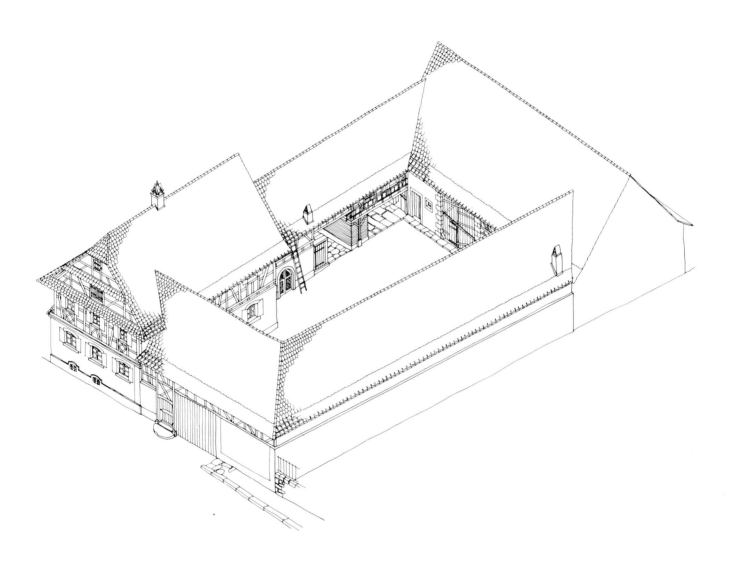

Colmar

Colmar, die Hauptstadt des Haut-Rhin am Fusse der Vogesen, gilt als die Kunststadt am Oberrhein und ist das Zentrum des elsässischen Weinbaus. Die mittelalterlichen Fachwerkbauten unter den steilen Dachhüten gehören zum Kleinod des Elsass. Die engen Strassen sind in Kopfsteinpflaster ausgelegt und weisen auf das menschliche Mass und eine lebendige Volkskunst mit reicher geschichtlicher Vergangenheit hin. Die historische Altstadt von Colmar war 1975 eine Modellstadt im europäischen Jahr für Denkmalpflege.

Colmar

Chef-lieu du département du Haut-Rhin., situé au pied des Vosges, Colmar est une célèbre ville d'art et le centre du vignoble alsacien. Les maisons à colombage datant du moyen-âge sont des trésors du patrimoine. Les étroites rues pavées témoignent d'un passé historique et artistique. En 1975, année du Patrimoine architectural, la vieille ville de Colmar a été choisie comme une des cités exemplaires.

Colmar

Colmar, the capital of Haut-Rhin at the foot of the Vosges, is famed as a town of art on the Upper Rhine and the centre of Alsatian wine-growing. The medieval half-timbered buildings under their steep roofs are amongst the gems of Alsace. The narrow streets are paved with cobble stones and are eloquent of a human scale of living and of a folk art which, with its rich historical background, is still alive today. In 1975 the historic old quarter of Colmar was a model town in the European Architectural Heritage Year.

131
Hof in Truchtersheim 18. Jh.

Ferme à Truchtersheim, 18e siècle.

House at Truchtersheim 18th century.

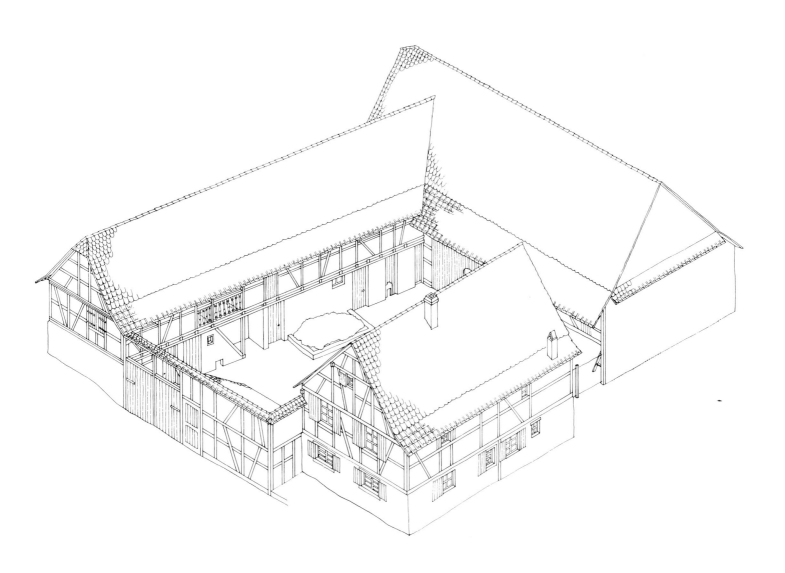

132–141
Rehabilitiertes Gerberviertel (anstelle der urprünglichen Elendswohnungen) in Colmar.

Quartier des tanneurs à Colmar après l'assainissement des habitations miséreuses.

Rehabilitated tanners' quarter in Colmar (after a slum-clearance scheme).

132–133
Die Feldgrössen des Riegelbaues sind massstäblich gut empfunden.

Les champs des vides ont des proportions agréables.

The spaces of the half-timbered buildings are well scaled.

134–135
Mehrseitig gefachte Wohnhäuser.

Habitations à colombages sur toutes les façades.

Dwellinghouses with half-timbering on more than one side.

136–137
Der zeichenhafte Charakter des Riegels
in der Fassadengestalt.

La charpente des façades est tracée
avec soin.

The pattern of half-timbering has a
draughtsman-like precision.

138–139
Das Fachwerk ist wie ein Gerüst aus
kurzem Laubholz erstellt.

Le colombage est une sorte de réseau
de bois.

The half-timbering is made of short
lengths of hardwood like a structural
framework.

140–141
Reicheres Aussehen des Fachwerks
durch geschweifte Brüstungen und
Eckstreben.

Enrichissement du colombage par des
allèges incurvées et des poutres d'angle.

Curved members and corner braces
enrich the appearance of the half-
timbering.

Oberseebach

Die Ortschaft Oberseebach liegt nördlich von Strassburg in einer Gegend, wo keine Reben mehr wachsen, in der grossen Ebene des Unterelsass. Die Bewohner beschäftigen sich hauptsächlich mit Tabakanbau. Ihre Behausungen zeigen immer noch das altertümliche Bild einer reichen Kulisse von Fachwerkbauten mit originellen Riegelkombinationen, lebendig erhalten.

Oberseebach

Ce village est situé au nord de Strasbourg dans une vaste plaine du Bas-Rhin. La vigne n'y est guère cultivée; les habitants plantent surtout le tabac. Les maisons ont conservé l'image des façades à colombage aux poutrelles originales. (C'est cette localité qui a servi à Hansi de modèle pour le texte et les dessins de l'album intitulé ‹Mon Village›).

Oberseebach

The village of Oberseebach lies to the north of Strasbourg in a region where the vine no longer grows, in the great plain of Lower Alsace. The local people are mainly engaged in tobacco growing. Their houses still display a rich backdrop of half-timbered buildings with original patterns of frame and infill which, for all their antiquity, are still very much alive.

143–149
Fachwerkkonstruktionen aus Oberseebach (Unterelsass).

Charpentes d'Oberseebach (Bas-Rhin).

Half-timbered buildings at Oberseebach (Lower Alsace).

143
Der Fachwerkbau ist ein verfeinerter Ständerbau: eine Architektur, deren Stil ein Stil der Konstruktion ist.

Le colombage est une charpente traitée avec un art subtil.

Half-timbering is a more refined kind of framework construction, a form of architecture whose style is essentially structural.

143

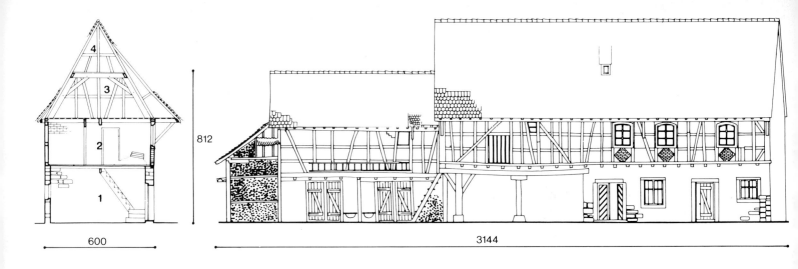

812

600

3144

144
Ehemalige Wohnstätte der Knechte,
1819 in Oberseebach.

Anciens logements des domestiques,
1819, à Oberseebach.

Former servants' quarters, 1819 in
Oberseebach.

145
Je mehr Geschosse man aufstockte, um
so wichtiger das Fachwerk als Skelett
des Ganzen.

Plus le nombre d'étages augmente, plus
la charpente se justifie comme ossature
du bâtiment.

The more storeys that are added, the
more important the framework
becomes as the skeleton supporting the
whole.

145

146–147
Elegante Kurven und Gegenkurven im
Fachwerk werden von ausladenden
Dächern an Giebel und Längsmauern
geschützt.

Les façades garnies des courbes
alternées des colombages sont
protégées par des avant-toits sur les
pignons et sur les murs.

Elegant curves and countercurves in the
half-timbering are protected by
overhanging roofs at the gable ends and
the sides of the building.

148–149
Fachwerkhäuser an der Hauptstrasse mit reichem Riegelwerk in dunklen, auch schwarzen Streben oder durchgehenden Ständern und weissen Wänden.

Maisons aux riches colombages sur la grand'rue, avec des supports foncés et des poteaux se détachant sur les murs blanchis.

Half-timbered buildings in the main street with rich patterns of dark or black struts or exposed frames and white walls.

Holzarchitektur aus Finnland,
19. Jahrhundert

Die Siedlungen im hohen Norden Europas sind neueren Datums. Erst seit der Industrialisierung sind die eigentlichen Städte entstanden. Das Baumaterial konnte wegen des grossen Materialvorrates nur Holz sein. Interessant war, dass sich eine Abart vom russischen Klassizismus, der von Mitteleuropa nach Russland kam, in Finnland entwickelte. Das Bedürfnis nach breiteren Strassen, in Rechteck-Raster aufgeteilt, gab der Planung das Gesicht. Über lange Zeit hat sich das System einstöckiger Holzbauten auf einem Steinsockelabschluss in enger Reihung erhalten. Das nordische Tannenholz braucht Ölfarbe zur Imprägnierung, wobei immer feine Pastelltöne bevorzugt wurden, in feiner Nuancierung von Haus zu Haus. Die Fassade gegen die Strasse, mit klar gegliederten Fenstern, ist mit schmalen Brettern mit Nut und Fenster verkleidet. Feine Lisenen in rhythmischer vertikaler Folge beleben die Front. Die einzige Verzierung ist die Fensterumrahmung. Im Ganzen ist die Fassade von klassizistischer Einfachheit, wobei das Dach mit seiner schwachen Neigung nicht dominiert. Noch heute weisen die Strassenzüge an der Küste Südwestfinnlands am Bottnischen Küstensaum einen Holzklassizismus von eindrucksvoller Schlichtheit auf.
Elias Lönnroth gab 1835 die finnischen

L'architecture de bois en Finlande,
19è siècle

Les localités importantes du nord de l'Europe sont le date relativement récente; les agglomérations urbaines sont nées à la suite de l'industrialisation du pays. Le bois a été largement utilisé en raison de la richesse des forêts. Le classicisme russe, de provenance occidentale, a propagé en Finlande l'aménagement de rues larges et de quartiers réguliers, divisés en carrés. Mais très longtemps s'est maintenue la construction des maisons de bois contiguës sur un soubassement de maçonnerie. Le bois de sapin est peint à l'huile, de préférence dans des tons pastels très subtils. Dans les façades sur rue où la cadence régulière des pleins et des vides est déterminée par d'étroites lames verticales, la seule décoration est obtenue par l'encadrement des fenêtres. Une toiture peu inclinée couvre ces maisons à l'aspect simple et nuancé. Sur la côte du golfe de Botnie prédominent, de nos jours encore, ces simples et modestes maisons d'allure classique.
En 1835, Elias Loennrot publia les anciens poèmes runiques qu'il arrangea en une épopée, le ‹Kalevala›. Carl Ludwig Engel (1778–1840), originaire du Brandebourg et confrère de Schinkel, vint à Helsinki en 1838 en passant par Reval (Tallin) et Saint-Petersbourg (Leningrad). A part les plans d'urbanisme de Helsinki il construisit en bois dans tout le pays des

Wood architecture from Finland,
19th century

The settlements in the far north of Europe are of a later date. The actual towns date back only to the age of industrialization. Because it was available in such copious quantities, wood was the only material used. It is a curious fact that a variety of Russian Classicism, which was transmitted to Russia from Europe, developed in Finland. The need for broader streets, divided on a rectangle planning grid, determined the appearance of the towns. The system of one-storey timber buildings erected on a masonry base and arranged in close rows proved its worth over many years. Northern fir-wood needs to be impregnated with oil paint, and preference was shown for fine pastel tones which allow subtle distinctions of shade from one house to the next. The street façade is clad with narrow rabbeted boards and the windows are arranged in a clear pattern. Fine pilaster strips in a rhythmic vertical sequence add a lively note. The sole ornamentation consists of the window framing. By and large the appearance of the façade is Classicistic in its simplicity and the shallow pitched roof does not dominate. Even today the streets on the coast of southwest Finland along the shores of the Gulf of Bothnia are notable for a Classicistic style of wooden architecture of unassuming simplicity.

Runengesänge, die Kalevala, heraus. Carl Ludwig Engel (1778–1840) aus Brandenburg, ein Standesgenosse Schinkels, kam von Tallin über Petersburg 1818 nach Helsinki. Neben den Stadtplänen von Helsinki entwickelte er auch über das ganze Land Zentralkirchen aus Holz, hölzerne Gutshäuser und Gartenpavillons im klassizistischen Stil, mit viel Geschmack und Phantasie, ohne Schematisierung. Diese strenge und simple Holzarchitektur ist in den klimatischen Verhältnissen und im finnischen Volkscharakter begründet.

églises sur plan cruciforme, des manoirs et des pavillons dont le style classique plein de goût et d'invention, quelque peu austère, est bien adapté aux conditions du climat et correspond au caractère du peuple.

In 1835 Elias Lönnroth published the Kalevala, the Finnish national epic. Carl Ludwig Engel (1778–1840), a compeer of Schinkel, arrived in Helsinki in 1818 from Tallin via Petersburg. Apart from producing the town plans of Helsinki he designed in every part of the country centrally planned timber churches, wood manor houses and garden pavilions in Classicistic style, displaying a great deal of taste and imagination and never clinging to a rigid model. This severe and simple timber architecture is rooted in the climate and national character of Finland.

Volkstümliche Holzbauten

Der Wald birgt das Baumaterial der Bauwerke, die harmonisch in die ländliche Gegend eingegliedert sind. Die 200 Jahre alten Holzkirchen mit Brettgewölben aus Kiefernholz im Gebiet Keski-Suomi (Finnische Seenplatte) von Keuruu, 1758, und Petäjävesi, 1763–1764, wurden von geschickten, volkstümlichen Meistern zu einer eigenständigen finnischen Architektur entwickelt.

Architecture populaire

La forêt fournit le bois pour les constructions; celles-ci s'incorporent ainsi harmonieusement dans le paysage. Les anciennes églises en bois datant de 200 ans avec des voûtes en pin dans la région de Keski-Suomi (Plateau des lacs), dont celles de Keuru (1758) et Petäjävesi (1763–64), ont été bâties par d'habiles artisans qui ont été les auteurs de l'architecture vernaculaire de Finlande.

Traditional wood buildings

The forest provides the material for wooden buildings which fit harmoniously into the landscape. The 200-year-old timber churches with vaults of pinewood boards in the Keski-Suomi region (Finnish lake district) at Keuruu, 1758, and Petäjävesi, 1763–1764 were created by skilled craftsmen to establish an independent Finnish architecture.

153–159
Ländliche Volksarchitektur in Holzkonstruktion aus Finnland.

Architecture vernaculaire en Finlande.

Regional architecture of wood in Finland.

153
Zweckbau als Kunstwerk, Windmühle bei Louhisaari.

Moulin à vent près de Louhisaari. Architecture réalisée par la fonction et la forme.
A utility structure becomes a work of art; windmill near Louhisaari.

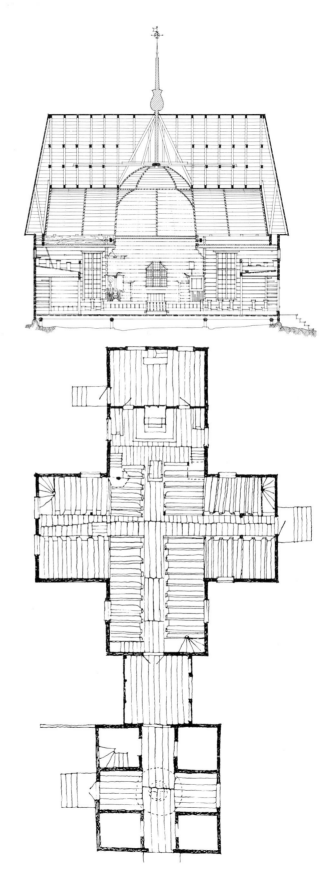

154
Intakte Vergangenheit – gesunde Gegenwart. Holzkirche von Keuruu, 18. Jh., noch intakt.

Eglise de bois à Keuruu, 18e siècle. Le passé parvenu intact au temps présent.

The past intact – the present healthy. Timber church at Keuruu, 18th century, still intact.

155–159
Einheit von Material und Konstruktion aussen und innen. Holzkirche von Petäjävesi, 1763–1764, Finnland.

Eglise de bois à Petäjävesi, en Finlande, 1763–1764. Conformité des matériaux et de la construction.

Unity of material and structure inside and outside. Timber church of Petäjävesi, 1763–1764, Finland.

155
Grundriss und Schnitt, Massstab 1:300.

Plan et coupe (1:300).

Plan and section, scale 1:300.

156
Glockenturm, Anpassung von Landschaft und Gebautem.

Clocher s'adaptant au paysage et à
l'architecture des bâtiments du
voisinage.

Bell tower, adaptation to landscape and
structure.

157
Bedachung mit Holzschindeln. Ästhetik
des Einfachen.

Couverture en bardeaux; simplicité et
convenance.

Roofing with wood shingles. The
aesthetics of simplicity.

158–159
Das Holzgewölbe überspannt den
Innenraum.

La nef est surmontée d'une voûte de
bois.

The wooden vault spans the interior.

Städte an der Westküste

Das Stadtbild zeichnet sich durch ein rechtwinkliges, schmales Strassensystem mit niedrigen ein- oder zweistöckigen neuklassischen Hausreihen in Holzbauweise aus dem 19. Jahrhundert aus. In Finnland war Holz ursprünglich das vorherrschende Baumaterial. Die simplen Strassenfassaden mit ihren flachen Bretterwänden in Horizontalgliederung und die verfeinerte Form der Öffnungen in Vertikalrhythmisierung sind nicht konventionell und haben hohe Qualität.

Villes sur la côte occidentale

Dans les rues étroites, tracées selon un quadrillage rectangulaire, s'alignent les maisons basses néo-classiques en bois, à un ou deux étages, datant du 19e siècle. A l'origine c'est le bois qui dominait dans la construction en Finlande. Les simples façades, striés de lames horizontales, avec les fenêtres apportant un rythme vertical, sont de grande qualité et n'ont rien de conventionnel.

Towns on the west coast

The townscape is characterized by a rectangular system of narrow streets with rows of low one- or two-storey houses in Neoclassical style built of timber during the 19th century. Wood was originally the dominant building material in Finland. The simple street façades with flat weather-boarded walls with their horizontal patterning and delicate vertical rhythms created by the openings display high quality and are never conventional.

161–199
Wohnbauten in Rahmenfachwerk, Konstruktion mit leicht getönter Holzverschalung in Finnland.

Habitations sur cadres de bois, avec revêtement légèrement teinté.

Half-timbered dwellinghouses, construction with pastel-toned wood siding in Finland.

161
Typisches Stadthaus an der Westküste: Erhaltung ist Pflichtaufgabe, Sanierung ist darum vornehmer als Denkmalschutz. Schnitt, Massstab 1:100.

Maison citadine sur la côte occidentale: l'utilisation dans l'état restauré vaut mieux que le classement. Coupe 1:100.

Typical town house on the west coast: conservation is a duty, and for this reason renewal is superior to the mere protection of historic monuments. Scale 1:100.

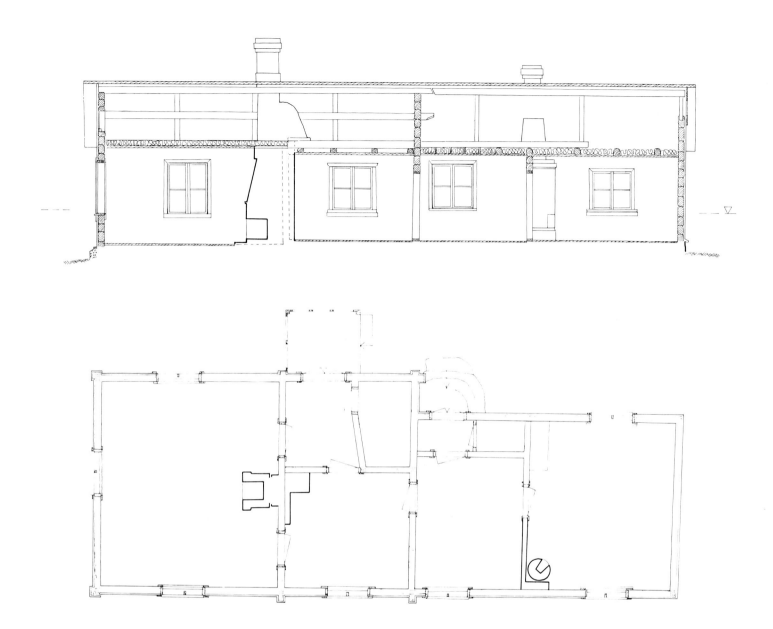

162–171
Das Zentrum von Tammisaari. In den Strassen die niedrigen Holzhäuser des 19. Jh.

Le centre de Tammisaari; les maisons basses en bois du 19e siècle.

The centre of Tammisaari. The low-built wooden houses of the 19th century line the streets.

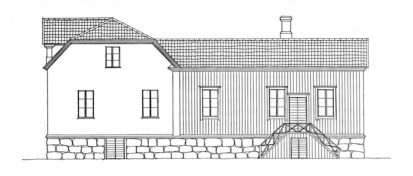

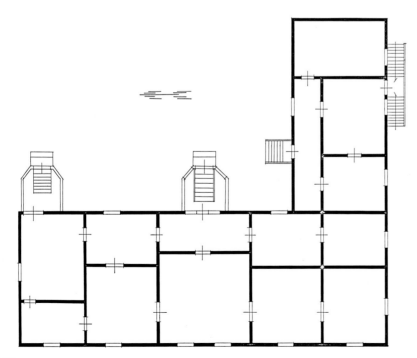

164
Wohnensemble, Massstab 1:250.

Ensemble d'habitations (1:250).

A living group, scale 1:250.

165
Bei den meist einstöckigen Stadthäusern in Holz wurde die Standardisierung angewandt.

Les maisons de bois de la ville ont été édifiées selon des modèles normalisés.

Standardization was used in the case of most of the town houses built of wood.

166–167
Aussenwände (etwa aus dem 18. Jh.)
der städtischen Häuser meist paneeliert,
d.h. mit Brettern verschalte Paneelarchi-
tektur.

Les façades des maisons urbaines du
18e siècle environ sont revêtues de
lames de bois.

Most of the town houses dating from
about the 18th century are sided
externally, i.e. the walls are weather-
boarded.

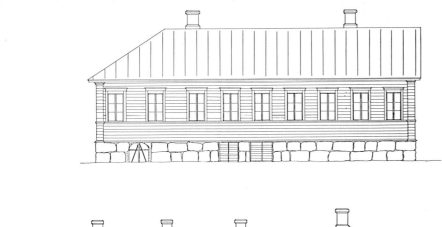

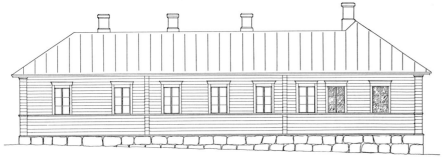

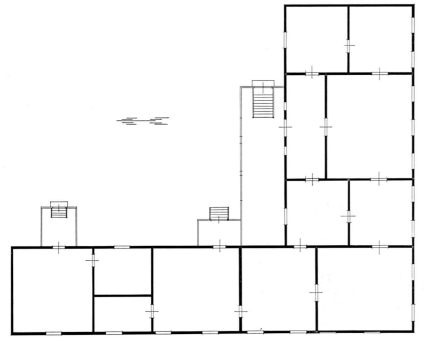

168
Wohnensemble, Massstab 1:250.

Ensemble d'habitations (1:250).

A living group, scale 1:250.

169
Gliederung der Fassade mit Lisenen und Gesimse, sparsam in der Anwendung.

Les façades sont traitées sobrement avec des pilastres et des corniches.

The façade is divided with pilasters and cornices sparingly used.

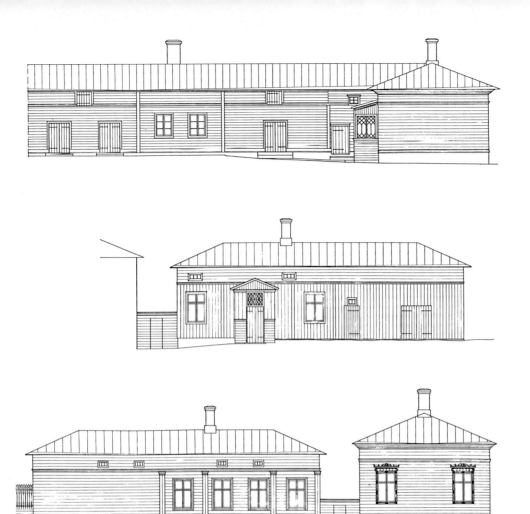

170
Wohnhaus in Uusikaupunki, Massstab
1:250.

Maison à Uusikaupunki (1:250).

Dwellinghouse at Uusikaupunki, scale
1:250.

171
Einfluss der finnischen Jugendstil-
Architektur auf die Fassadengestalt.

Influence de l'Art nouveau dans les
façades.

Influence of Finnish Art Nouveau
architecture on the design of the
façades.

172–175
Naantali ist eine Enklave der Vergangenheit am Bottnischen Meerbusen. Erhalten heisst nicht nur Restaurieren, sondern auch Wiederbeleben.

Naantali est une ancienne enclave sur le golfe de Botnie. Restaurer, conserver, ranimer.

Naantali is an enclave of the past on the Bothnian Gulf. Preservation does not mean solely restoration but also revitalization.

174–175
Weitertwickelte Standardisierung in der
funktionalistischen Fassadenfläche.

Façades normalisées et fonctionnelles.

Standardization has been extensively
developed in the functionalistic façade.

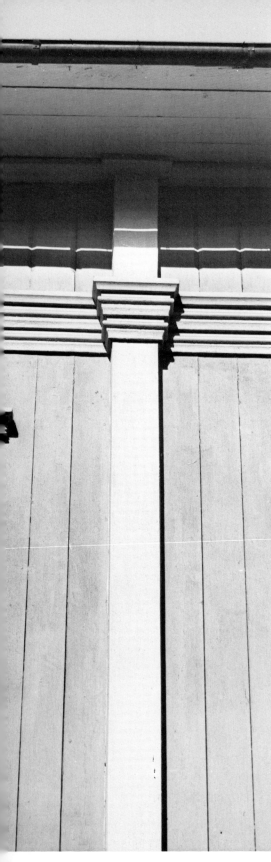

176–181
Die Holzarchitektur der Stadt Rauma ist in zusammenhängenden Vierteln bis heute erhalten.

L'architecture de bois de la ville de Rauma a été sauvegardée dans plusieurs quartiers.

The timber architecture of the town of Rauma has been preserved down to today in quarters which form a continuous whole.

178–179
Einheitlichkeit der Häusergruppen im historischen Stadtkern.

Ensemble cohérent des maisons du centre de la ville.

Uniformity of groups of houses in the historic centre of the town.

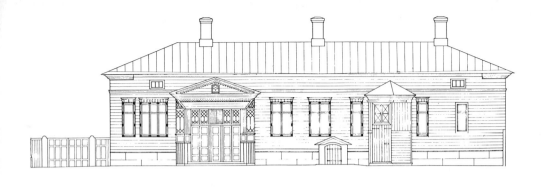

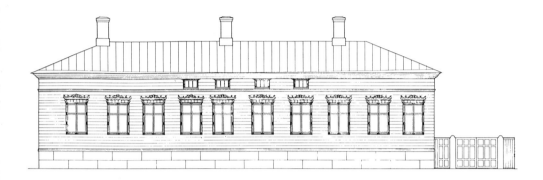

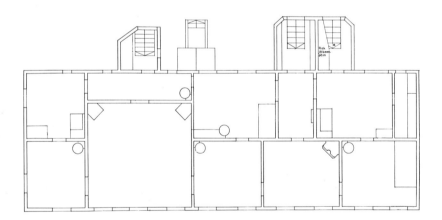

180
Wohnhaus in Uusikaupunki, Massstab 1:250.

Maison à Uusikaupunki (1:250).

Dwellinghouse at Uusikaupunki, scale 1:250.

181
Massiv geschlossene Fassaden mit kleinen Fenstern und sparsamer Dekoration an genau überlegten Stellen.

Façades contiguës aux petites fenêtres et aux ornements parcimonieux, placés au bon endroit.

Solid closed façades with small windows and sparing decoration thoughtfully placed.

182–185
Finnische Volksarchitektur aus Kauttua:
Bauweise mit waagrechter Bretterscha-
lung, dazwischen senkrechte Ständer.

Architecture vernaculaire à Kauttua:
lames horizontales et poteaux.

Traditional Finnish architecture at
Kauttua: horizontal weatherboarding
with vertical frames in between.

184–185
Formale Komposition im Fensterdetail:
Zweckbauten als Kunstwerk.

Détails des fenêtres: utilité et beauté.

Formal composition in detailing of the
window: utility buildings as works of art.

186
Detail mit Fundation.

Détail d'un soubassement.

Detail with foundation.

187
Ländliches Holzhaus in Ruovesi: die
Notwendigkeit im Innern schafft die
Voraussetzung fürs Aussen.

Maison de campagne à Ruovesi: la
distribution intérieure se traduit
à l'extérieur.

Wood-built country house at Ruovesi:
interior necessities impose their pattern
on the exterior.

Neuklassik

Die Baugeschichte Finnlands des Klassizismus bekam in den drei Jahrzehnten von 1815 bis 1845 durch das Wirken des Architekten Carl Ludwig Engels wertvolle Impulse. Helsinki, die Stadt des Empire, entstand 1812. Seine innerstädtische Planung wurde durch Engel und seine Schule verwirklicht. Klares Formbewusstsein, strenge Masstäblichkeit und bewusste Eigenständigkeit sind charakteristisch in der klassizistischen Holzarchitektur des hohen Nordens.

Néo-classicisme

L'architecture classique de Finlande reçut de 1815 à 1845 une forte impulsion grâce à l'activité de l'architecte Carl Ludwig Engel. Helsinki, ville d'Empire, fut fondée en 1812 et aménagée selon les plans d'Engel et de son école. Dans ce pays nordique l'architecture de bois se distingue par la netteté des formes, la rigueur des mesures et l'authenticité des effets.

Neoclassicism

During the three decades from 1815 to 1845 Classicistic architecture in Finland was vitalized by the work of the architect Carl Ludwig Engel. Helsinki was appointed the capital in 1812. The planning of the inner town was carried out by Engel and his school. A clear sense of form, strict attention to scale, and deliberate independence are the hallmarks of the Classicistic timber architecture of the north.

189
Haus Cederqureutz in Koyliö. Veranda um 1900 im Neuklassischen Stil.

Maison Cederqureutz à Koyliö. Veranda en style néo-classique, 1900.

Cederqureutz House at Koyliö. Veranda from c. 1900 in Neoclassical style.

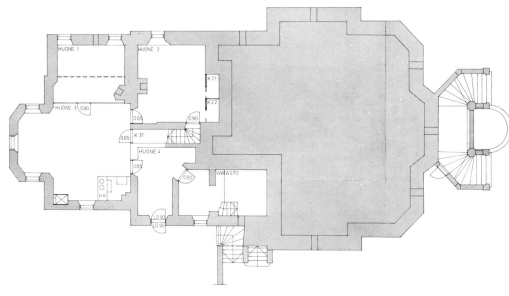

190–193
Huvila Sinebrychoff in Karhusaari bei
Helsinki von Architekt Wrede 1890
errichtet.

Huvila Sinebrychoff à Karhusaari près
de Helsinki, par Wrede, architecte,
1890.

Huvila Sinebrychoff at Karhusaari near
Helsinki erected by the architect Wrede
1890.

190–191
Grundriss, Ansicht und Schnitt,
Massstab 1:250.

Plan, façade et coupe (1:250).

Plan, elevation and section, scale
1:250.

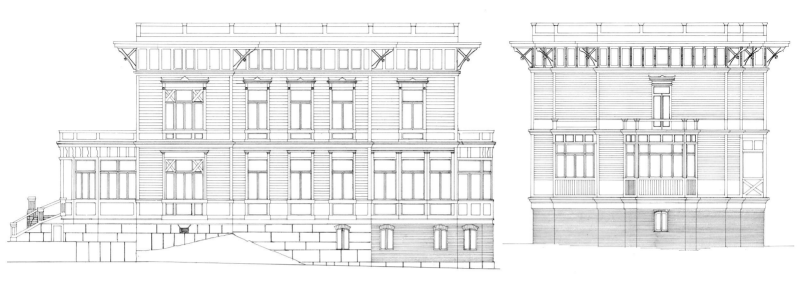

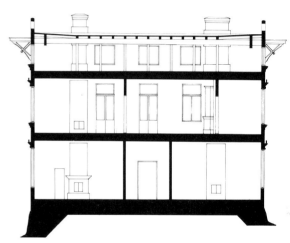

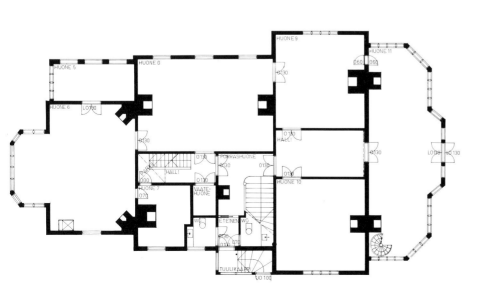

191

192–193
Die Villa ist mit leicht getönten Brettern und Bohlen verkleidet.

La villa est revêtue de lames et de planches légèrement teintées.

The villa is clad with lightly toned boards and planks.

194–199
Gutshaus in Irjala bei Janakkala, Ende des 19. Jh.

Manoir à Irjala près de Janakkala, fin du 19e siècle.

Manor at Irjala near Janakkala, late 19th century.

194-195
Verandadach in augenfälliger Grazilität.

Toiture aux formes délicates couvrant une véranda.

A strikingly graceful veranda roof.

196–197
Formbeherrschung am Fensterdetail
ohne Schematismus.

Détail d'une fenêtre conçu sans rigueur.

Controlled form in window detailing
with no rigidity of approach.

198–199
Finnische Holzarchitektur ist in den
Küstengegenden von Schweden und im
Osten von Russland beeinflusst.

L'architecture de bois finlandaise est
influencée par la Suède, sur les côtes et
par la Russie, à l'est.

In the coastal regions of Sweden and in
the east, Finnish timber architecture has
been influenced by Russia.

200–201
Wiederbelebung der klassischen
Formen in den Pavillons der Holzbrücke
bei Seurasaari in Helsinki.

Réviviscence des formes classiques
dans les pavillons du pont de bois près
de Seurasaari à Helsinki.

Revival of classical forms in the
pavilions of the wooden bridge near
Seurasaari in Helsinki.

202–205
Lutherische Kirche in Lieksa (Ostkarelien) von Carl Ludwig Engel 1834–36 (Kirche am Neujahrstag 1979 durch Brand zerstört).

Eglise luthérienne à Lieksa (Carélie orientales) par Carl Ludwig Engel (1834–36, détruite par un incendie le jour de Nouvel-An 1979).

Lutheran church at Lieksa (East Karelia) by Carl Ludwig Engel 1834–36 (church destroyed by fire on New Year's day 1979).

202
Turm in waagrechter Bretterverschalung.

Tour revêtue de lames horizontales.

Tower with horizontal weatherboarding.

203
Kreuzkirche in Holzklassizismus.

Eglise néo-classique sur plan cruciforme.

Cruciform church in Classicistic wooden style.

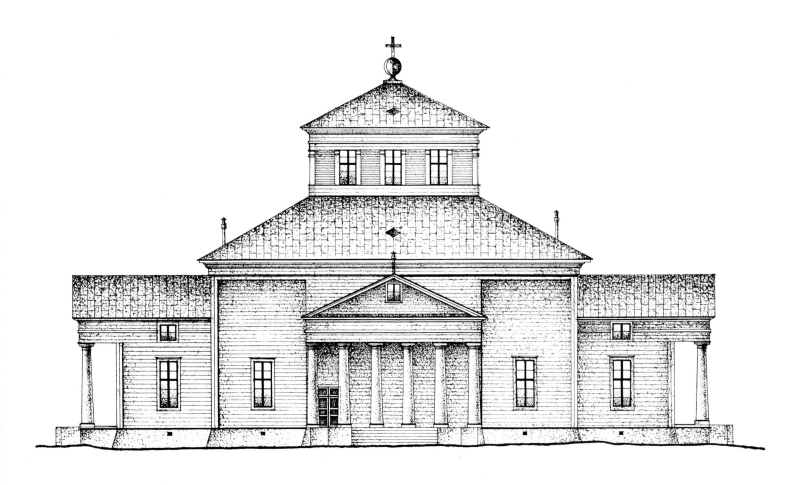

204

Ansicht, ca. Massstab 1:250.

Façade, env. 1:250.

Elevation and section, scale approx. 1:250.

205

Bewusste Anlehnung an die klassisch-antike Kunst mit ihren einfachen klaren Massbeziehungen.

Sobriété des proportions classiques.

Deliberate recourse to the classical art of antiquity with its clear and simple scaling.

206–207
Lusthaus vom Herrenhof Moisio aus Elimäki in Uusimaa (heute im Freilichtmuseum Seurasaari) von C.L. Engel 1830. Klassische Säulenreihe in Holz.

Pavillon de plaisance du manoir de Moisio à Elimäki (Uusimaa), actuellement musée en plein air, par C.L. Engel, 1830. Colonnade classique de bois.

Garden house of the Moisio manor at Elimäki in Uusimaa (today in the open-air museum of Seurasaari) by C.L. Engel 1830. Classical row of pillars in wood.

208–211
Tempelähnliches Badehaus am
Finnischen Meerbusen Louhisaari bei
Turku nach Plänen von A.F. Grandstedt
erste Hälfte des 19. Jh.

Pavillon de bain (petit temple), sur le
golfe de Finlande à Louhisaari près de
Turku d'après les plans de A.F. Grandstedt; 1re moitié du 19e siècle.

Temple-like bathhouse at Louhisaari on
the Gulf of Finland near Turku to plans
of A.F. Grandstedt, first half of 19th
century.

210–211
Kolonnade in Holz am Eingangsportal.

Colonnade en bois sur l'entrée.

Colonnade of wood at the entrance.

Casas de las galerias, La Coruña

An der nördlichen Atlantikküste der iberischen Halbinsel liegt die Stadt La Coruña, umgeben von einer regenreichen, dichtbewaldeten grünen Landschaft mit fjordähnlichen Meereseinschnitten. Die heute eine Viertelmillion Einwohner zählende Stadt besitzt einen der wichtigsten Handelshäfen Nordspaniens. Der wichtigste Industriezweig war die Glasindustrie. 1830 begann man dort mit der Herstellung von Glasflaschen und 3 Jahre später mit der von Fensterglas. Aus dieser Zeit stammen die verglasten Hausfronten in der Innerstadt. Die mit Glas verkleideten Vorbauten sind etwa einen Meter vor die tragende Steinfassade gesetzt und durchgehend mit unterteilten, weiss gestrichenen Holzfenstern ausgestattet. Die Galerien dienen als Wetterschutz und erweisen sich in diesem rauhen Klima als hervorragende ‹Ausgleichskammern›: Einerseits gelangt an kalten Tagen viel Sonnenlicht in die dahinterliegenden Wohnräume, ohne dass sie auskühlen, andererseits heizen sich an heissen Tagen die Räume nicht so schnell auf. Dieses Konzept der Galerien ist mit unserer ‹curtain wall› vergleichbar, also mit einer ‹vorgehängten› Wand, die die Bauten vor Wetter schützt und ihnen gleichzeitig eine klare, ideenreiche Form gibt. Durch den Schiffsbau standen gute Handwerker zur Verfügung, deren Erfahrung die Fabrikation dieses Galerietypus' begünstigte·

Les maisons à galeries de La Coruña

La Coruña est située sur la côte atlantique de la péninsule ibérique, dans une région abondamment boisée où les profondes découpures du littoral font penser à autant de fjords. La ville, qui compte aujourd'hui 250 000 habitants, possède un des ports de commerce les plus importants de l'Espagne du Nord. Autrefois, l'industrie du verre était le secteur industriel le plus florissant de la région. En effet, on y commença la fabrication des bouteilles dès 1830 et celle des vitres trois ans plus tard. C'est de cette époque que datent les façades vitrées du centre de la ville. De grandes galeries vitrées équipées de fenêtres en bois peint en blanc et disposées à intervalles réguliers ont été montées à environ un mètre des façades de pierre des maisons. Elles font office de protection thermique et, dans cette contrée au climat plutôt rude, elles se sont avérées être d'excellents ‹régulateurs›: par temps froid, le soleil peut pénétrer à pleins flots dans les pièces d'habitation et, les jours de canicule, les appartements n'emmagasinent la chaleur que très progressivement. Ces galeries sont comparables à nos murs rideaux, c'est-à-dire aux ‹avant-murs› qui protègent les bâtiments des intempéries et leur confèrent une ligne à la fois sobre et pleine de fantaisie. Grâce aux chantiers navals de la ville, on disposait de bons artisans dont l'expérience favorisa la construction de galeries de ce type.

Casas de las galerias, La Coruña

The town of La Coruña (Corunna) is situated on the northern Atlantic coast of the Iberian peninsula, surrounded by a densely wooded green landscape watered by a heavy rainfall. The coast-line is riven by fjord-like inlets of the sea. With a population of a quarter of a million the town is one of the most important commercial ports of northern Spain. Glass-making was the leading industry. The manufacture of glass bottles started there in 1830 and 3 years later sheet glass began to be made. The glazed house fronts of the inner town date back to this time. The glazed front is set about a metre from the load-bearing stone facade and is furnished throughout with windows consisting of small panes in white-painted wooden frames. These galleries afford protection against the weather and, in this harsh climate, prove to be excellent 'equalization chambers': on cold days they admit abundant sunlight into the living rooms behind and keep in the warmth while on hot days they prevent the rooms from heating up too quickly. These galleries have affinities with our curtain wall – a wall set in front of the frame of a structure to protect it from the weather and at the same time to give it a clear and imaginative form. Craftsmen trained in the shipyards had the experience needed to make galleries of this kind.

213–219
Galeriehäuser von La Coruña (Spanien). Holzglasfronten – Differenzierung zwischen tragenden und wetterschützenden Teilen.

Maison de La Coruña (Espagne). Bois et verre. Différenciation des éléments porteurs et protecteurs.

Gallery houses of La Coruña (Spain). Wood-and-glass fronts with clear distinction between load-bearing and weather-protecting parts.

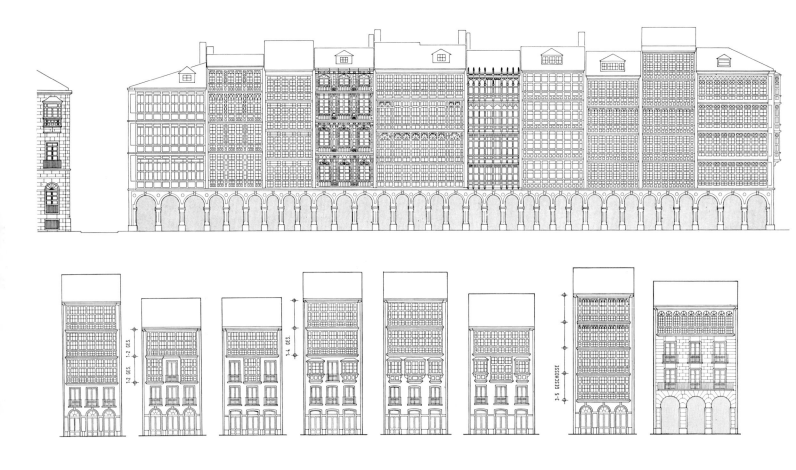

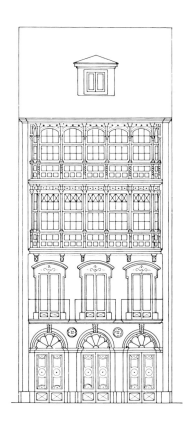

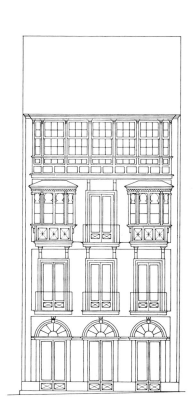

214
Casas de las galerías, Massstab 1:500.

Maisons des galeries (1:500).

Casas de las galerías, scale 1:500.

215
Typisches Bürgerhaus, Massstab 1:200.

Maison bourgeoise typique (1:200).

Typical town house, scale 1:200.

216–217
Galeriehäuser an der Avenida de la Marina.

Maisons à galeries de l'Avenida de la Marina.

Gallery houses on the Avenida de la Marina.

218-219
Holzfassadentypen in verschiedenen Grundformen.

Différentes formes primitives de façades en bois.

Various basic types of wooden facade.

Nachwort

In den einheimischen Bauwerken aus Holz sehe ich kein historisches Kuriosum, sondern für uns ein aktuelles Beispiel für Materialdenken und Formvermögen. Dabei entdeckte ich Dinge, die längst der Vergangenheit angehören und doch für mich eine überraschende Synthese von Materialbeherrschung und Formgestaltung zeigten. Geschult an diesen Formen, sah ich das zeitgenössische Bauen mit anderen Augen als früher. Das Problem von Fuge und Gefüge im Bauen hat mich immer besonders beschäftigt. Bald aber lockte der Gedanke, das Gesehene und Erlebte auch im eigenen Bauen auszuschöpfen, wobei die Konstruktionsmethoden und die Industrialisierung das wesentliche Element der Gestaltung blieben. Dies sind die Voraussetzungen, die meinen Weg zu eigener Gestaltung in langjähriger Entwicklung bestimmend beeinflussten. Ich habe versucht, meine Gedanken über das künstlerische Wollen und die gestaltete Aussage im Bauen darzulegen und durch meine eigenen Fotos zu belegen und sie einer grösseren Gruppe von Interessenten zugänglich zu machen. In diesem Zusammenhang habe ich eine Folge von drei Werken herausgebracht: 1976 ‹Der Fels ist mein Haus›, 1980 ‹Filigran-Architektur› und ‹Holz-Haus›.
Trotz Industrialisierung und Massentourismus ist uns ein grosser Teil der Volks-

Conclusions

L'architecture de bois représente, à mes yeux, non pas une curiosité historique, mais un art exemplaire par ses matériaux et ses formes. J'y ai reconnu des créations qui, bien qu'appartenant à un lointain passé, ont gardé toute leur valeur grâce à l'utilisation rationnelle des systèmes de construction et à la réalisation nuancée des effets; elles sont restées exemplaires de nos jours par les solutions exactes du bâti et des joints, ce qui m'a toujours passionné, et je me suis mis à les considérer avec des yeux nouveaux. J'envisageai dès lors d'en appliquer les données à mes propres constructions, en me servant des données modernes et de l'industrialisation. Voilà ce qui a fixé mes idées et guidé mes réalisations. J'ai cherché à en rassembler les renseignements par le texte et par mes propres photographies, afin d'en faire bénéficier un plus ample public.
C'est dans cet ordre d'idées que j'ai publié une série de trois ouvrages: en 1976, ‹Le Rocher est ma demeure›, en 1980, ‹Le Bois dans l'architecture› et ‹L'Architecture en filigrane›.
En dépit de l'industrialisation et du tourisme de masse une grande partie de l'architecture populaire a été conservée dans les régions alpestres, en Alsace et dans les plaines de Finlande. Son existence contribue à garantir l'équilibre de l'architecture et des mœurs tout en nous

Postscript

For me, native buildings of timber are not historical exhibits but rather an example of the ability to create form and think in terms of material which has relevance for us today. In them I discovered things which, while belonging to the distant past, nevertheless showed me an astonishing synthesis of formal design and mastery of materials. Tutored by these forms, I began to see contemporary building with quite different eyes. The problem of joint and structure in building is one that has always fascinated me. I was soon induced to draw on what I had seen and experienced and use it in my own work with constructional methods and the use of fabricated units remaining the essential element of the design. These are the background factors which have determined my own career as a designer over many years of development. I have attempted to put down my ideas on artistic intent in architecture and its expression in design, to illustrate them with my own photographs, and to make them accessible to a larger public. In this connection I have published the following three works: 1976 'The Rock is My Home', and 1980 'Filigree Architecture' and 'Wood Houses'.
In spite of industrialization and mass tourism a large part of the traditional architecture of the Alpine area and on the Finnish plain has survived and, if it were

architektur im alpinen Raum und in der Ebene Finnlands erhalten geblieben, ohne deren Existenz bestimmt das Gleichgewicht von Architektur und Lebensweise bedroht sein würde. Respekt vor dem Gestrigen – würden wir sagen. Diese Recherchen über das ‹Holz-Haus› wollen Impulse geben und zum Überdenken eigener Arbeiten motivieren.

dictant le respect du passé. Les études sur l'architecture de bois sont censées réveiller l'attention sur un domaine particulier et stimuler les recherches des architectes.

not there, the balance between architecture and way of life would be threatened. And for this, no doubt, we are indebted to a respect for the past. These studies on 'Wood Houses' are intended to stimulate thought and to induce readers to reconsider their own works.

Dank

In der Absicht, das Vergangene der Gegenwart nahezubringen, ist die vorliegende Publikation entstanden. Dieses Buch soll aber kein Fach-, sondern ein Sachwerk sein, das den objektiven Charakter der Materie Holz in den Volksbauten beinhaltet. Verschiedene Institutionen und Verlage haben mir erlaubt, Zeichnungen aus dem Sachgebiet mitzuverwenden. Der Architekt André Schütz und das finnische Architekturmuseum sowie Anniki und Esko Vormala aus Helsinki haben mich beim finnischen Teil unterstützt. Walter Grunder, Fotograf aus Binningen, fertigte die Fotovergrösserungen, und Wend Fischer aus München hat bei der Durchsicht des Textes mitgewirkt. Ihnen allen sei herzlich gedankt. Max Schmid, Grafiker in Reinach, hatte die Mise-en-page meines ersten Buches ‹Der Fels ist mein Haus› entwickelt. Es war mir nun ein Leichtes, auf diesem Prinzip weitere Werke aufzubauen.

Remerciements

Cette publication est destinée à rapprocher le passé et le présent; mais il ne s'agit pas d'un traité de construction, c'est plutôt un exposé illustrant les qualités esthétiques du bois dans l'architecture populaire. Plusieurs institutions et maisons d'édition m'ont autorisé à utiliser des dessins ayant trait à ce sujet. L'architecte André Schütz et le musée de l'architecture finlandaise ainsi que Anniki et Esko Vormala de Helsinki m'ont apporté leur précieux concours. Walter Grunder, photographe de Binningen, a fait des agrandissements; Wend Fischer, de Munich, a revu le texte. Max Schmid, dessinateur de Reinach, avait fait la mise en page de mon livre ‹Le Rocher est ma demeure›; c'est sur ces indications-là que j'ai pu réaliser les ouvrages qui ont suivi.

Acknowledgments

The purpose of the present publication is to bring the past nearer to the present. It is not intended to be a technical work but rather a factual one dealing with the objective character of the material wood in traditional rural architecture. Various institutions and publishers have permitted me to use drawings from the relevant field. The architect André Schütz and the Finnish Museum of Architecture, and also Anniki and Esko Vormala of Helsinki, assisted me in the Finnish section. Walter Grunder, photographer in Binningen, made the photographic enlargements, and Wend Fischer of Munich helped me in the revision of the text. To all of them I express my grateful thanks. Max Schmid, graphic designer of Reinach, designed the layout of the first book 'The Rock is My Home'. It was easy for me to produce other works on the same principle.

Hinweis/References

Die Planzeichnungen sind aus folgenden Fachwerken entnommen:

Les dessins des plans ont été empruntés aux ouvrages suivants:

The plans are taken from the following works:

14 Die Architektur des Parthenon, Anast. K. Orlandos, Archäologische Gesellschaft Athen, 1976.
15 Die Stabkirchen Norwegens, Fritz Reese, Königlich Norwegisches Aussenministerium, Oslo 1978.
18–19 Wooden Synagogues, Maria & Kazimierz Piechotka, Arkady Warsaw, 1959.
25 Some structure sheets of the architect Lauweriks, Drukkerig Rosbeek Hoënsbroek (Holland).
26 The balloon frame. Drawing by Ch.H. Singer. ‹A History of Technology›, Oxford University Press, London 1954–58.
40, 56, 99 Holzbaukunst – Der Blockbau, H. Phleps, Fachblatt-Verlag, Karlsruhe 1942.
46, 49, 61, 96 Das Bauernhaus in der Schweiz. E. Gladbach, Curt R. Vincentz-Verlag Hannover 1903 und 1974.
93, 106, 109 Ständerbauten im Unterland ‹100 alte Berner Holzhäuser›, Lobsinger & Sohn, Bern 1974.
98, 121 Schweizer Bauernhäuser, Max Gschwend, Schweizer Baudokumentation Blauen 1969.
122, 128, 129, 131, 144 Alsace, L'Architecture rurale française, M.C. Groshens Berger-Levrault, Editeur, Paris 1978.
212–219 Casas de las Galerías, Bauwelt 18, Berlin 1974

Bibliographie

Schweiz
SIA, Das Bauernhaus in der Schweiz, Curt R. Vincentz-Verlag Hannover 1903 und 1974.
Max Gschwend, Schweizer Bauernhäuser, Verlag Paul Haupt, Bern 1971.
E. Gladbach, Holzbauten der Schweiz, Curt R. Vincentz-Verlag Hannover 1893 und 1976.
Max Gschwend, Die Bauernhäuser des Kantons Tessin. Band 1, Der Hausbau, Schweiz. Gesellschaft für Volkskunde, Basel 1976.

Wallis
Alois Larry Schnidrig, Grächen, Verlag Paul Haupt, Bern 1952.
Louis Carlen, Das Goms, Verlag Paul Haupt, Bern, 1966.
André Beerli, Wallis, Touring-Club der Schweiz, Genf.

Emmental
Walter Laedrach, Das bernische Stöckli, Verlag Paul Haupt, Bern, 1951.
Walter Laedrach, Der bernische Speicher, Verlag Paul Haupt, Bern, 1954.
Walter Steiner, Eggiwil-Röthenbach, Verlag Paul Haupt, Bern, 1974.
Peter Arbenz, Berner Heimatschutz, Benteli-Verlag, Bern, 1975.
M. Lutz, 100 alte Berner Holzhäuser, Lobsinger und Sohn, Bern, 1936 und 1974.

Appenzell
Salomon Schlatter, Das Appenzeller Land und seine Schönheiten, Schläpfer, Herisau, 1922.
Hans Meier, Das Appenzeller Haus, Verlag Appenzeller Hefte Herisau, 1969.

Elsass
René Schickele, Malerisches Elsass, Verlag Hallwag, Bern, 1964.
Les Cahiers de Maisons paysannes de France, L'habitat paysan à Gommersdorf, Alsace, 1972.
Alsace, M.N. Denis und M.C. Groshens, Berger-Levrault Editeur, Paris, 1978.

Finnland
Erik Wickberg, Carl Ludwig Engel, Suomen Rakennustaiteen, Helsinki, 1970.
Asko Salokorpi, Finnische Architektur, Ullstein Verlag, Frankfurt/M., 1970.
Valli, Kavanterä, Othman, Puutalojen Turku, Otava, Helsinki, 1976.

Allgemein
Hermann Phleps, Der Blockbau, Fachblattverlag Albert Bruder, Karlsruhe, 1942.
Maria & Kazimierz Piechotka, Wooden Synagogues, Arkady, Warsaw, 1959.
Hans Soeder, Urformen der abendländischen Baukunst, DuMont, Köln, 1964.
R.J. Abraham, Elementare Architektur, Residenz-Verlag, Salzburg, 1965.
Gunnar Bugge und Christian Norberg-Schulz, Early wooden architecture in Norway, Byggekunst, Oslo, 1969.
Hans Jürgen Hansen, Holzbaukunst, Gerhard Stalling-Verlag, Hamburg, 1969.
Eric Arthur & Dudley Witney, The Barn, A&W Visual Library, New York, 1971.
Erik Lundberg, Trä gav Form, P.A. Nostedt & Söners, Stockholm, 1971.
Elisabeth & Urs Maurer, Traditionelle türkische Wohnhäuser, Kiesen, 1975.
Werner Blaser, Struktur und Gestalt in Japan, Verlag für Architektur, Zürich, 1963.
Werner Blaser, Strukturale Achitektur aus Osteuropa, Zbinden-Verlag, Basel, 1975.
Werner Blaser, Der Fels ist mein Haus, 1976.
Werner Blaser, Struktur und Textur, Scherpe Verlag, Krefeld, 1976.
Werner Blaser, Hofhaus in China, Birkhäuser Verlag, Basel, 1979.
Werner Blaser, Il design di Alvar Aalto, Electa Editrice, Milano, 1980.

Index

Weitere Bücher aus dieser Reihe:
De la même série:
Other books in this series:

Der Fels ist mein Haus
Bauwerke in Stein

224 Seiten mit 142 Fotos und 28 Planzeichnungen. Text dreisprachig: deutsch,
französisch und englisch. Zürich 1976.

Le Rocher est ma demeure
Architecture de pierre

224 pages, 142 photos et 28 dessins de
plan. Les textes en allemand, en français
et en anglais. Zurich 1976.

The rock is my home
Structures in stone

224 pages with 142 photos and 28
plans. Text in German, French and
English. Zurich 1976.

Filigran Architektur
Metall- und Glaskonstruktion

216 Seiten mit 106 Fotos und 89 Zeichnungen, Text dreisprachig: deutsch, französisch, englisch, Basel 1980.

Architecture en filigrane
Constructions en metal et en verre

216 pages avec 106 photos et 89 dessins. Textes en allemand, en français et
en anglais. Bâle 1980.

Filigree architecture
Metal and glass construction

216 pages with 106 photos and 89
drawings. Text in German, French and
English. Basel 1980.

Atrium
Lichthöfe seit fünf Jahrtausenden

205 Seiten mit 71 Fotos und 130 Zeichnungen und Plänen, Text zweisprachig:
deutsch und englisch, gebunden, Basel
1985.

Atrium
Les cours de lumière depuis
cinq millénaires

205 pages avec 71 photos et 130 dessins et plans. Textes en allemand et en
anglais, relié, Bâle 1985.

Atrium
Five thousand years of open courtyards

205 pages with 71 photos and 130
drawings and plans. Text in German and
English, hard cover, Basel 1985.